Elke Huppertz

Französisch

Wodoku®

Vokabelspaß mit Wort-Sudokus

Hueber Verlag

Mein Dank gilt Herrn Klemens Lummer für die Gestaltung und den Aufbau der Wodokus. Wir sind seit fünf Jahren ein gutes Team.

3. 2. 1. | Die letzten Ziffern
2018 17 16 15 14 | bezeichnen Zahl und Jahr des Druckes.
Alle Drucke dieser Auflage können, da unverändert, nebeneinander benutzt werden.
1. Auflage

Umschlaggestaltung: creative partners gmbh, München
Redaktion: Katrin Dorhmi, Stephanie Pfeiffer, Hueber Verlag, München
Layout und Satz: Sieveking • Agentur für Kommunikation, München,
nach einer Idee von Klemens Lummer, Krefeld
Druck und Bindung: Firmengruppe APPL, aprinta druck, Wemding
Printed in Germany
ISBN 978-3-19-209615-0

Art. 530_11179_001_01

Inhalt

Erläuterungen

Wortschatz-Lernen einmal anders: Mit unseren **Wort-Sudokus** können Sie rund 1000 Wörter aus dem Grundwortschatz Französisch lernen, wiederholen und festigen und dabei Spaß am Rätseln haben.

Und so geht's:

Kennen Sie Sudoku? Das Logik-Rätsel aus Japan ist seit einigen Jahren auch in Deutschland sehr populär. Die Regeln sind ganz einfach:

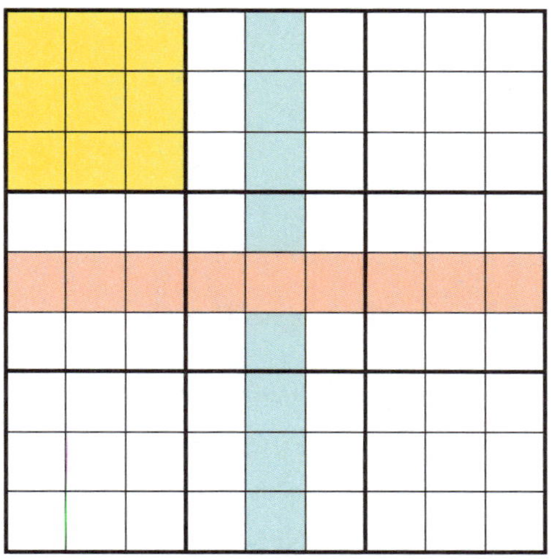

Ein **Neuner-Sudoku** ist ein großes Quadrat, das wiederum aus 9 kleinen Quadraten besteht. Diese setzen sich wieder aus 9 Kästchen zusammen. Außerdem gibt es 9 Reihen und 9 Spalten. In den Kästchen, Reihen und Spalten dürfen die Zahlen von **1 – 9 jeweils nur einmal** vorkommen.

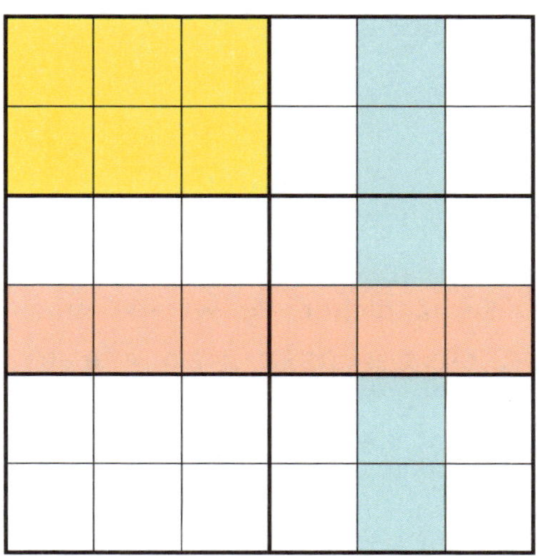

Ein **Sechser-Sudoku** ist ein bisschen einfacher: Es hat nur 6 Kästchen, 6 Reihen und 6 Spalten.

Die Wodokus® sind Wort-Sudokus – Sudokus, in denen statt Zahlen Wörter stehen. Es gibt Sechser- und Neuner-Wodokus®. Für jede Zahl steht ein Wort, jedes Wort darf in den Kästchen, Reihen und Spalten nur einmal vorkommen. Damit es nicht zu schwer ist, bekommt jedes Wort eine Farbe. Ein Wodoku® sieht dann z. B. so aus:

	avril		février		juin
février		mars		avril	
	mai			janvier	
		juin	mai		
	janvier			mai	
mars		mai	avril		janvier

Und dann sind Sie an der Reihe:

Schreiben Sie die passenden Wörter in die fehlenden Kästchen. Sprechen Sie die Wörter dabei, wenn möglich, laut mit. So trainieren Sie Rechtschreibung und Aussprache gleichzeitig und vergessen das Wort wahrscheinlich nie wieder.
Wenn Sie ein Wort nicht kennen, finden Sie die Übersetzung im Französisch-Deutschen Glossar ab Seite 106. Für notwendige Übersetzungen ist genügend Platz auf jeder Seite. Arbeiten Sie mit Bleistift und Radiergummi, um eventuelle Fehler korrigieren zu können.

Die Wodokus® gibt es in verschiedenen Schwierigkeitsgraden:

- ● leicht
- ●● mittelschwer
- ●●● schwer

Wenn ein Rätsel zu schwer ist – ein paar schwere sind dabei – und Sie gar nicht mehr weiterkommen, können Sie Hilfe bei den Auflösungen bekommen. Sie finden **sämtliche Lösungen im Anhang** ab Seite 91.

Viel Spaß und Erfolg beim Rätseln & Lernen
wünschen Autorin und Verlag!

avoir

haben

● 1

il/elle a	nous avons			j'ai	ils/elles ont
tu as			vous avez		il/elle a
	tu as			vous avez	
	il/elle a			ils/elles ont	
ils/elles ont		tu as			vous avez
nous avons	vous avez			tu as	j'ai

j'ai	tu as
il/elle a	nous avons
vous avez	ils/elles ont

venir

kommen

2 ●

je viens	tu viens
il/elle vient	nous venons
vous venez	ils/elles viennent

il/elle vient	nous venons			je viens	ils/elles viennent
tu viens			vous venez		il/elle vient
	tu viens	ils/elles viennent			
			je viens	ils/elles viennent	
ils/elles viennent		tu viens			vous venez
nous venons	vous venez			tu viens	je viens

aller

gehen

● 3

je vais		il/elle va			
vous allez		ils/elles vont		nous allons	il/elle va
il/elle va	je vais				vous allez
ils/elles vont				je vais	nous allons
tu vas	ils/elles vont	vous allez	nous allons		je vais
			tu vas		ils/elles vont

je vais	tu vas
il/elle va	nous allons
vous allez	ils/elles vont

faire

machen

4 ●

je fais	tu fais
il/elle fait	nous faisons
vous faites	ils/elles font

je fais		il/elle fait		ils/elles font	tu fais
vous faites				nous faisons	
		nous faisons		tu fais	
ils/elles font	vous faites		il/elle fait	je fais	
tu fais			nous faisons		
	il/elle fait	je fais		vous faites	ils/elles font

mettre

stellen, legen

● 5

je mets	nous mettons		vous mettez		tu mets
		ils/elles mettent		nous mettons	
il/elle met	je mets			tu mets	
	vous mettez			je mets	nous mettons
tu mets		vous mettez	nous mettons		
	il/elle met			vous mettez	ils/elles mettent

je mets	tu mets
il/elle met	nous mettons
vous mettez	ils/elles mettent

finir

beenden

6 ●

je finis	tu finis
il/elle finit	nous finissons
vous finissez	ils/elles finissent

		il/elle finit		ils/elles finissent	
vous finissez	tu finis		je finis		il/elle finit
		nous finissons	ils/elles finissent		vous finissez
ils/elles finissent		tu finis	il/elle finit		
	ils/elles finissent			il/elle finit	je finis
nous finissons		je finis	tu finis		

sortir

hinausgehen

● 7

	nous sortons		vous sortez	ils/elles sortent	tu sors
	tu sors		je sors		
		nous sortons	ils/elles sortent	tu sors	
	vous sortez	tu sors	il/elle sort		
				il/elle sort	
nous sortons	il/elle sort	je sors		vous sortez	

je sors	tu sors
il/elle sort	nous sortons
vous sortez	ils/elles sortent

vivre

leben

8 ●●

				ils/elles vivent	
vous vivez	tu vis		je vis	nous vivons	
il/elle vit	je vis			tu vis	vous vivez
	vous vivez			je vis	
tu vis	ils/elles vivent	vous vivez		il/elle vit	je vis
	il/elle vit				

je vis	tu vis
il/elle vit	nous vivons
vous vivez	ils/elles vivent

être

sein

9

je suis		il/elle est			
		ils/elles sont		nous sommes	
il/elle est	je suis			tu es	
	vous êtes			je suis	nous sommes
	ils/elles sont		nous sommes		
			tu es		ils/elles sont

je suis	tu es
il/elle est	nous sommes
vous êtes	ils/elles sont

prendre

nehmen

10

je prends		il/elle prend			
			je prends	nous prenons	
	je prends	nous prenons		tu prends	vous prenez
ils/elles prennent			il/elle prend		
tu prends	ils/elles prennent				
			tu prends		ils/elles prennent

je prends	tu prends
il/elle prend	nous prenons
vous prenez	ils/elles prennent

vouloir

wollen

●●● 11

je veux	nous vou-lons				tu veux
	tu veux	ils/elles veulent			il/elle veut
il/elle veut					vous voulez
	vous voulez			je veux	
tu veux			nous vou-lons	il/elle veut	
nous vou-lons				vous voulez	ils/elles veulent

je veux	tu veux
il/elle veut	nous vou-lons
vous voulez	ils/elles veulent

voir

sehen

12 ●●●

		il/elle voit	vous voyez	ils/elles voient	
vous voyez				nous voyons	
	je vois	nous voyons	ils/elles voient	tu vois	
ils/elles voient		tu vois	il/elle voit		nous voyons
	ils/elles voient	vous voyez			je vois
	il/elle voit		tu vois		

je vois	tu vois
il/elle voit	nous voyons
vous voyez	ils/elles voient

Les verbes pronominaux

Reflexive Verben

13

s'amuser	se reposer				
	se lever		se coucher	se reposer	
		s'appeler	se lever		
	se rencontrer			s'appeler	
	se coucher	se reposer		s'amuser	
				se lever	se coucher

se lever	s'amuser
se coucher	se rencontrer
s'appeler	se reposer

Les mots interrogatifs

Fragewörter

14

		pourquoi ?	combien ?		qui ?
combien ?	qui ?		pourquoi ?		
quand ?		combien ?	qui ?	pourquoi ?	
	comment ?	qui ?	où ?		
		quand ?		où ?	combien ?
comment ?		où ?	quand ?		

pourquoi ?	combien ?
comment ?	quand ?
où ?	qui ?

Les nombres cardinaux

Die Grundzahlen

15

six		un			deux
quatre		cinq			six
	six		deux		
		deux		quatre	
deux			cinq		quatre
cinq			trois		un

un	deux
trois	quatre
cinq	six

Les nombres cardinaux

Die Grundzahlen

16

	neuf		dix	onze	
	huit		sept		
neuf	douze			sept	onze
sept					neuf
		neuf		douze	
	dix	douze		huit	

sept	huit
neuf	dix
onze	douze

Le temps

Die Zeit

●● 17

la seconde					
	l'heure	la minute	le jour		
le mois		la semaine			la minute
le jour			la seconde		le mois
		le mois	la minute	la seconde	
					le jour

la seconde	la minute
l'heure	le jour
le mois	la semaine

La journée

Der Tag

18 ●●

l'après-midi				la nuit	
la nuit		le matin		l'après-midi	
le soir			le midi		l'après-midi
le matin		le midi			le soir
	le soir		le matin		la nuit
					le jour

le jour	le matin
le midi	l'après-midi
le soir	la nuit

Les pays

Länder

●● 19

	la France		la Belgique		
		l'Espagne			l'Italie
	l'Italie		l'Allemagne		l'Espagne
l'Angleterre		l'Allemagne		la Belgique	
l'Allemagne			l'Espagne		
	la Belgique	l'Italie		l'Allemagne	

la France	la Belgique
l'Allemagne	l'Italie
l'Espagne	l'Angleterre

Les pays

Länder

20 ●

la Russie	la Grèce	le Portugal			les Pays-Bas
			le Portugal		la Russie
	la Russie			le Portugal	
	l'Autriche			la Suisse	
les Pays-Bas		la Grèce			
l'Autriche			la Grèce	les Pays-Bas	le Portugal

le Portugal	les Pays-Bas
la Grèce	la Suisse
l'Autriche	la Russie

Les continents

Die Kontinente

● 21

		l’Amérique du Sud	l’Asie	l’Afrique	
	l’Australie	l’Afrique	l’Amérique du Sud		
l’Amérique du Nord	l’Europe	l’Asie			
			l’Europe	l’Asie	l’Amérique du Nord
l’Australie	l’Amérique du Sud		l’Afrique	l’Europe	
l’Afrique			l’Amérique du Nord		

l’Europe	l’Afrique
l’Amérique du Nord	l’Amérique du Sud
l’Asie	l’Australie

Les langues

Sprachen

22 ●●

	espagnol	italien			allemand
anglais					français
	français			italien	
	belge			anglais	
allemand					anglais
belge			espagnol	allemand	

français	belge
allemand	italien
espagnol	anglais

La famille

Die Familie

●● 23

la sœur			la mère	le fils	
	le frère				
le père		la mère		la fille	
	le fils		la sœur		le père
le frère		le père		la sœur	
	la mère				la fille

le père	la mère
le frère	la sœur
le fils	la fille

La famille

Die Familie

24 ●

le grand-père	la grand-mère
l'oncle	la tante
le mari	la femme

	l'oncle			le mari	
	la grand-mère				la femme
	la femme	la tante	la grand-mère	le grand-père	
le grand-père					l'oncle
	le grand-père			la femme	
le mari				la grand-mère	

La poste

Die Post

● 25

				le facteur	
le facteur	la lettre	la carte postale	le timbre		
le timbre					l’enveloppe
	l’enveloppe			la lettre	
	le timbre		la carte postale	le colis	le facteur
		le facteur			

la lettre	la carte postale
le colis	l’enveloppe
le timbre	le facteur

L’argent

Geld

26 ●

le prix	le billet
la pièce de monnaie	l’euro
le porte-monnaie	la carte de crédit

le prix	la pièce de monnaie			le billet	la carte de crédit
le porte-monnaie					
la pièce de monnaie		le porte-monnaie		l’euro	
	le billet		le prix		la pièce de monnaie
					le porte-monnaie
le billet	le porte-monnaie			la carte de crédit	l’euro

En ville

In der Stadt

27

					la piscine
l'arrêt de bus	l'église	la piscine	le jardin public		
le jardin public	l'arrêt de bus			la piscine	
	le cinéma			l'église	le jardin public
		le cinéma	la piscine	le café	l'arrêt de bus
le café					

l'église	le café
le cinéma	l'arrêt de bus
la piscine	le jardin public

Les magasins

Geschäfte

28

la boulangerie	la boucherie
l'épicerie	la pâtisserie
la librairie	la poissonnerie

		la pâtisserie	la librairie		
la librairie		la boucherie	la pâtisserie		la boulangerie
l'épicerie			la poissonnerie	la pâtisserie	
	la boucherie	la poissonnerie			l'épicerie
la poissonnerie		l'épicerie	la boucherie		la librairie
		la boulangerie	l'épicerie		

Les mois

Die Monate

29

	avril		février		juin
février		mars		avril	
	mai			janvier	
		juin	mai		
	janvier			mai	
mars		mai	avril		janvier

janvier	février
mars	avril
mai	juin

Les mois

Die Monate

30

		septembre		octobre	
novembre		octobre			août
décembre	août			septembre	octobre
septembre		juillet	août		décembre
juillet			octobre		novembre
	novembre		décembre		

juillet	août
septembre	octobre
novembre	décembre

La formation

Die Ausbildung

31

le lycée		les études		le collège	
	le parcours		les études		le lycée
l'université		l'apprentissage	le parcours		le collège
les études					l'université
le parcours		l'université		le lycée	
	l'apprentissage		l'université		les études

les études	l'apprentissage
le collège	l'universite
le lycée	le parcours

Le féminin de certaines professions

Die weibliche Form einiger Berufe

32

le directeur	l'opticienne			l'opticien	
		l'opticien		l'opticienne	le directeur
l'opticienne	le directeur				l'opticien
le serveur				la serveuse	l'opticienne
la directrice	le serveur		l'opticien		
	la serveuse			la directrice	le serveur

le serveur	la serveuse
l'opticien	l'opticienne
le directeur	la directrice

Le formulaire

Das Formular

33

		le nom			le prénom
la nationalité		la date de naissance			l'adresse
la profession		la nationalité	le prénom		la date de naissance
le nom			l'adresse		
le prénom			la date de naissance		la nationalité
la date de naissance			la profession		

le nom	le prénom
la profession	la nationalité
la date de naissance	l'adresse

Les fêtes

Feste

34

le réveillon	Pâques			l'anniversaire	la Saint-Sylvestre
	la Saint-Sylvestre			Pâques	
	le réveillon			Noël	
	l'anniversaire	la Saint-Sylvestre		la Pentecôte	Pâques
	Noël			le réveillon	
l'anniversaire	la Pentecôte			la Saint-Sylvestre	Noël

Noël	la Saint-Sylvestre
Pâques	la Pentecôte
l'anniversaire	le réveillon

Les contraires

Gegenteile

35

impoli	poli	régulier	correct		
régulier		correct	poli		impoli
		poli	ir-régulier		
correct			in-correct	poli	ir-régulier
	in-correct	ir-régulier		régulier	

correct	in-correct
poli	impoli
régulier	ir-régulier

Les contraires

Gegenteile

36

grand	petit
jeune	vieux
chaud	froid

froid			vieux		
	vieux		grand		
	petit		jeune		froid
chaud		jeune		vieux	
		froid			petit
		petit		grand	

Prépositions et noms de pays

Präpositionen bei Ländernamen

37

en France	en Espagne				en Suisse
	en Suisse	au Portugal			en Corse
en Corse					au Canada
	au Canada			en France	
en Suisse			en Espagne	en Corse	
en Espagne				au Canada	au Portugal

en France	en Suisse
en Corse	en Espagne
au Portugal	au Canada

Prépositions de lieu

Präpositionen bei Ortsangaben

38

		derrière la porte	devant la télé	sous la chaise	
devant la télé				sur la table	
	dans la rue	sur la table	sous la chaise	entre les arbres	
sous la chaise		entre les arbres	derrière la porte		sur la table
	sous la chaise	devant la télé			dans la rue
	derrière la porte		entre les arbres		

dans la rue	entre les arbres
derrière la porte	sur la table
sous la chaise	devant la télé

Les prépositions de temps

Präpositionen bei Zeitangaben

39

depuis hier	pendant le repas			avant le cours	jusqu'à demain
	jusqu'à demain	avant le cours		pendant le repas	
	depuis hier	vers midi	jusqu'à demain		
après la fête				vers midi	pendant le repas
	après la fête		avant le cours	depuis hier	
avant le cours	vers midi			jusqu'à demain	après la fête

depuis hier	avant le cours
pendant le repas	après la fête
vers midi	jusqu'à demain

Adjectifs et noms

Adjektive und Nomen

40

présent	la pré-sence
absent	l'ab-sence
libre	la liberté

		absent			
libre		l'ab-sence	absent	la liberté	la pré-sence
	la pré-sence		présent		l'ab-sence
absent		présent		libre	
présent	absent	la liberté	l'ab-sence		libre
			la liberté		

Verbes et noms

Verben und Nomen

41

entrer	choisir	la boisson		l'entrée	
				entrer	
		le choix	choisir		
boire		choisir	l'entrée		la boisson
	la boisson				
	boire		entrer	la boisson	le choix

choisir	le choix
entrer	l'entrée
boire	la boisson

Verbes et noms

Verben und Nomen

42

la vie	la fin		finir	la sortie	vivre
	vivre				
la fin		finir		sortir	
	la sortie		la vie		la fin
				la vie	
la sortie	finir	la vie		vivre	sortir

vivre	la vie
sortir	la sortie
finir	la fin

Le féminin des adjectifs

Die weibliche Form von Adjektiven

43

	fou		blanc	longue	
	blanc		long		
	longue			blanche	folle
blanche	folle			blanc	
		folle		fou	
		longue		long	

blanc	blanche
fou	folle
long	longue

Le féminin des adjectifs

Die weibliche Form von Adjektiven

44

vieille				belle	
	frais	fraîche			
beau					
			belle	frais	beau
		vieille		vieux	
		belle		beau	

frais	fraîche
vieux	vieille
beau	belle

Au supermarché

Im Supermarkt

45

	le pain		le saucisson	le yaourt		le fromage		
	l'œuf				le pain	la viande		le riz
les pâtes	la viande	le saucisson	le riz			le beurre		
			l'œuf	le beurre	le riz			
le fromage	le riz		la viande	le pain		le saucisson		
le beurre	le yaourt		les pâtes			le pain	le riz	l'œuf
		le yaourt			le saucisson	les pâtes	le beurre	la viande
le pain		le riz	le fromage				le yaourt	
		les pâtes		l'œuf	le beurre		le fromage	

le pain	le beurre	le fromage	les pâtes	le saucisson	le riz	la viande	l'œuf	le yaourt

Au supermarché

Im Supermarkt

46 ●

le jus de fruit				le jambon	la tomate	le poivre	la boisson	
le jambon	le sel	la boisson		le poisson				le lait
		le poivre	les légumes			le sel		le jus de fruit
le poisson	la tomate	le lait		la boisson		les légumes		
les légumes			le lait		le sel	le poisson		la boisson
	le poivre			la tomate		le lait		
le lait		la tomate	le jambon			le jus de fruit		
		le poisson		les légumes		le jambon	le poivre	la tomate
	les légumes			le jus de fruit	le poisson			le sel

le poivre	le lait	le poisson	la tomate	le sel	la boisson	les légumes	le jambon	le jus de fruit

Le petit-déjeuner

Das Frühstück

47

la baguette	le café au lait		le sucre	la confiture			le croissant	
le thé	le miel		la biscotte		le chocolat	la baguette	la confiture	le café au lait
	la biscotte	la confiture		la baguette	le thé	le miel		le sucre
	le sucre					le chocolat	le café au lait	
le chocolat	la confiture	le croissant		le sucre		la biscotte	la baguette	le miel
	la baguette	la biscotte			le croissant		le thé	
la biscotte		le miel		le café au lait	la baguette	la confiture	le sucre	
la confiture	le thé	le café au lait	le chocolat		le sucre		la biscotte	la baguette
	le croissant		la confiture	le thé			le miel	le chocolat

la baguette	le thé	le café au lait	le miel	la confiture	le croissant	le sucre	la biscotte	le chocolat

Le déjeuner

Das Mittagessen

48 ●

le rôti	la tarte	la glace		la soupe		la salade	la quiche	
la soupe	le camembert	la salade		la quiche		la sauce		la purée
		la purée		le camembert			le rôti	la glace
la quiche	la salade		la soupe		la glace			la sauce
	la purée						la glace	
		la sauce	le rôti		la quiche	la tarte	la soupe	
	le rôti	le camembert		la sauce		la purée		
la salade		la tarte	le camembert	la glace	la purée	la quiche	la sauce	le rôti
la purée	la sauce			le rôti		la glace	le camembert	la tarte

la tarte	la sauce	le rôti	la purée	la salade	la soupe	la glace	le camembert	la quiche

Les légumes

Gemüse

●● 49

	l’oignon				les petits pois		le chou	
	la carotte		la tomate		le haricot	le champignon		l’oignon
le haricot	le chou	l’asperge		la pomme de terre			les petits pois	
la carotte	la pomme de terre					l’asperge		
l’asperge	la tomate			le champignon			l’oignon	les petits pois
l’oignon		les petits pois					la pomme de terre	la carotte
	le haricot			la tomate		les petits pois	le champignon	l’asperge
le chou		le champignon	la pomme de terre		la carotte		la tomate	
	les petits pois		le haricot				la carotte	

l’oignon	le champignon	la tomate	la carotte	la pomme de terre	les petits pois	l’asperge	le haricot	le chou

Les fruits

Obst

50

	la fraise		l’ananas	la cerise	le melon		la pomme	
	l’ananas	l’orange					le melon	la fraise
		le melon		la banane	l’orange		la prune	la cerise
la pomme		la banane	la cerise		l’ananas	la prune		le melon
	la prune	l’ananas				la cerise	la pêche	
		la cerise	la pêche		la fraise	la pomme		
le melon	la banane		l’orange	la pêche		la fraise		
la prune	la cerise					la pêche	l’orange	
	l’orange		la banane	la fraise	la prune		la cerise	

la banane	la pomme	l’orange	la cerise	la prune	la fraise	la pêche	le melon	l’ananas

Les boissons

Getränke

●● 51

	l’eau minérale	le jus de fruit						
la limonade		le café	le thé		la tisane	la bière		le coca
le thé	la tisane			le café			le jus de fruit	
la tisane			le café		le vin			la limonade
le jus de fruit		la bière	le coca		la limonade	l’eau minérale		le thé
		le thé	le jus de fruit		la bière	le café		
	la bière			le vin			la limonade	le jus de fruit
l’eau minérale		la limonade	la tisane		le thé	le vin		la bière
						le coca	la tisane	

l’eau minérale	le jus de fruit	le café	le thé	la tisane	la bière	le vin	la limonade	le coca

Le menu

Die Speisekarte

52 ●●

		le pâté			le dessert		la boisson	la garniture
	le dessert	le fromage				l'apéritif		
la garniture		le plat	l'apéritif		le digestif		le pâté	l'entrée
le fromage	le plat	l'entrée			la garniture			
				le dessert		le pâté	le digestif	
				l'apéritif	la boisson			le fromage
le pâté				la boisson			le fromage	l'apéritif
		la garniture	le digestif			le plat	l'entrée	
	l'apéritif			l'entrée				

l'entrée	le fromage	l'apéritif	le plat	le digestif	le dessert	la garniture	la boisson	le pâté

Mettre la table

Den Tisch decken

53

la tasse	l’assiette	la cuillère					la fourchette	
			le couteau		la soucoupe		la serviette	
la soucoupe	le couteau		la tasse	la fourchette	la cuillère	le verre	l’assiette	la nappe
	la nappe				le verre	la serviette	la cuillère	la soucoupe
la serviette	la cuillère	la fourchette		le couteau	l’assiette	la tasse		
le verre							le couteau	
	la fourchette	la soucoupe			la tasse	le couteau	le verre	la serviette
l’assiette	la tasse		la serviette	le verre		la nappe		la cuillère
la nappe		le verre		la soucoupe		la fourchette		l’assiette

l’assiette	le couteau	la cuillère	la fourchette	la nappe	la soucoupe	le verre	la tasse	la serviette

La ville

Die Stadt

54 ●●●

l'avenue					la poste		la banque	le musée
la rue	le musée			la banque		le carrefour		le trottoir
		le trottoir	le quartier	le carrefour				
le carrefour	le quartier					la poste		la place
la place		l'avenue	la poste		la rue		le carrefour	
					la banque	l'avenue		
le trottoir							l'avenue	la rue
	la banque	la place	la rue		le carrefour	le trottoir		
la poste			le musée				le quartier	

le quartier	le trottoir	le carrefour	la rue	la poste	l'avenue	le musée	la banque	la place

Les monuments et places

Gebäude und Plätze

●● 55

l'église				la tour			le marché	le château
	la tour		le château		le parc		l'opéra	
		l'opéra		l'église		le parc	la tour	
		l'hôtel de ville	l'église			l'opéra		le marché
	l'opéra		la tour		l'hôtel de ville		le pont	
le parc		l'église	le pont			la tour		
la cathédrale	le parc			le château		le marché		
	l'hôtel de ville		le parc		l'église		la cathédrale	
	l'église	le château		la cathédrale				l'hôtel de ville

le parc	la cathédrale	l'hôtel de ville	l'église	la tour	le marché	le château	le pont	l'opéra

Au commissariat

Auf dem Polizeirevier

56 ●

l'agent de police		la description	le témoin		la victime	la déclaration	la violence	
la violence		la victime					le crime	le voleur
le voleur			le crime		la description			
le crime		la déclaration					l'agent de police	
	la description		le voleur	le crime	la dispute		le témoin	
	la violence			la description		la victime		le crime
			la description		le crime	la dispute		le témoin
la dispute	le voleur					l'agent de police		la victime
	l'agent de police	le témoin	la victime		le voleur			la violence

la description	la dispute	l'agent de police	la déclaration	le voleur	le témoin	le crime	la victime	la violence

Les moyens de transport

Verkehrsmittel

57

le train	le métro	la voiture	l'avion				le vélo	
le camion				le bus	le vélo	le train	le bateau	la voiture
le bus		le bateau	la moto			le camion		l'avion
		le métro		la moto		la voiture		
	le bateau		le vélo		l'avion	le bus	le camion	
l'avion				le métro				le bateau
la moto		le vélo	le bus		le métro	le bateau		le camion
le métro	le train	le camion	le bateau					la moto
	l'avion				la moto	le métro	la voiture	le vélo

la voiture	le camion	la moto	l'avion	le métro	le bateau	le vélo	le train	le bus

À la gare

Am Bahnhof

58

le billet		la voie		le contrôleur			l'arrivée	
	le voyageur		le billet		le train	le guichet		la voie
le quai		l'arrivée		le départ		le contrôleur		le billet
		le guichet	l'arrivée		le quai	le billet	le départ	
	le contrôleur	le départ				le quai	le train	
	le quai	le billet	le contrôleur		le départ	l'arrivée		
le guichet		le quai		le voyageur		la voie		le train
la voie		le voyageur	le train		le guichet		le contrôleur	
	le départ			le billet		le voyageur		le quai

le train	le guichet	le billet	l'arrivée	le quai	la voie	le départ	le voyageur	le contrôleur

À l'aéroport

Am Flughafen

59

le passager	la destination	le pilote			le billet d'avion			les bagages
					le vol	le pilote	le départ	
	le départ	les bagages		le passager		l'avion	la destination	
le départ		l'arrivée	le passager		la destination		le pilote	l'avion
				le billet d'avion				
	l'avion	le passager	le pilote	le vol				l'arrivée
le billet d'avion				le départ	l'avion		l'arrivée	
	les bagages	l'avion	la destination			le départ		le vol
le pilote	le vol				les bagages	le passager		

la destination	l'avion	les bagages	le billet d'avion	le départ	l'arrivée	le passager	le vol	le pilote

En vacances

Im Urlaub

60 ●●

la valise	le séjour	le guide			la tente	le touriste		
le touriste				la détente	le voyage			
		la détente			le touriste	l'hôtel	la valise	le chalet
				la valise			le séjour	l'hôtel
le séjour	la détente		le chalet		l'hôtel		le guide	la tente
l'hôtel	le guide			la tente				
le voyage	l'hôtel	le touriste	le séjour			la tente		
			le touriste	le voyage				
		le chalet	la tente			le voyage	le touriste	le séjour

le voyage	l'hôtel	la valise	le chalet	le séjour	le touriste	la tente	le guide	la détente

À l'hôtel

Im Hotel

●● 61

la clé		le grand lit					la réception	la chambre double
le hall			la chambre simple	le grand lit		le balcon	la clé	
la chambre simple	la chambre double		la réception	le balcon		le hall		
	la chambre simple		la réservation		la réception		le grand lit	
le balcon								la chambre simple
la réception	la douche		le balcon		le grand lit		la chambre double	la clé
		la chambre double		la réception	la chambre simple	le grand lit		la réservation
	le hall	le balcon		la douche	la réservation	la clé		la réception
la réservation							la douche	le hall

la chambre simple	la chambre double	la clé	le hall	la réservation	le grand lit	la douche	le balcon	la réception

À la plage

Am Strand

62

la vague	la pelle		la serviette	le coquillage			le seau	
	la mer		le maillot de bain		le parasol	la vague	le coquillage	la pelle
	le maillot de bain	le coquillage		la vague	le sable	la mer		la serviette
	la serviette					le parasol	la pelle	
le parasol	le coquillage	le seau		la serviette		le maillot de bain	la vague	la mer
	la vague	le maillot de bain			le seau		le sable	
le maillot de bain		la mer		la pelle	la vague	le coquillage	la serviette	
le coquillage	le sable	la pelle	le parasol		la serviette		le maillot de bain	la vague
	le seau		le coquillage	le sable			la mer	le parasol

la vague	le sable	le seau	la pelle	la mer	le maillot de bain	le parasol	la serviette	le coquillage

Les animaux

Tiere

63

		le mouton	le singe	le chien				le chat
le chien	le lion	le singe			la souris		le cheval	l'ours
		la souris	le cheval			le lion		le chien
		le chat	le loup		le cheval	le singe	le mouton	la souris
la souris				le singe				le lion
le singe	le loup	l'ours	la souris		le mouton	le chat		
le cheval		le lion	le mouton			le chien		
	le singe				le loup	l'ours	la souris	le mouton
le mouton			l'ours	le chat	le chien			

la souris	le cheval	le chien	le chat	le singe	le lion	le loup	l'ours	le mouton

La géographie

Geografie

64 ●

		le continent	le pays		la frontière	le nord		l'est
	l'ouest			la région		le sud		
	le sud		l'est					la région
		le nord				l'ouest		le pays
l'ouest					le monde			le continent
le pays	le continent			la frontière	la région		le sud	
			la frontière				la région	le monde
le sud		l'est			le pays			l'ouest
le monde			le continent	le nord	l'ouest		l'est	

le nord	le sud	l'est	l'ouest	le continent	le pays	la frontière	la région	le monde

La géographie

Geografie

●●● 65

	l'océan	le fleuve	la nature		la rivière	la montagne		la vallée
				le lac		la nature	la forêt	
		la forêt	le fleuve					le paysage
		le lac	la forêt					
la nature	la rivière	le paysage		la vallée	la montagne		l'océan	
la forêt			le paysage			la rivière		
le fleuve		l'océan			la nature	le lac	la vallée	
la montagne						le paysage		
la vallée		la rivière		le fleuve	le lac			

l'océan	la nature	le paysage	le fleuve	la forêt	la rivière	la montagne	le lac	la vallée

L'agriculture

Die Landwirtschaft

66

le bœuf				la poule			le cochon	
le tracteur	la poule	le cochon		le bœuf			la vache	la ferme
		le champ	le tracteur		la vache		le bœuf	
le paysan					la ferme	la terre		
		la vache	la terre	le paysan				le tracteur
la ferme			le cochon			la vache		
	le paysan		le champ		le cochon	le bœuf		
la vache	le tracteur			la terre		la poule	le champ	le cochon
	le champ			la vache				le paysan

la ferme	le paysan	la terre	le champ	le tracteur	le bœuf	la vache	le cochon	la poule

Le temps et le climat

Wetter und Klima

●● 67

					la pluie		le soleil	la météo
la chaleur							le vent	la tempête
	la tempête	le soleil	le vent	l'orage			la chaleur	
la neige		la tempête			l'orage	la pluie		
		le froid	la météo	le soleil	la tempête	la chaleur		
l'orage	la météo				la neige	le vent		
la pluie	le froid		le soleil					
	la chaleur				la météo			
	le vent	la météo	l'orage			le soleil	le froid	la neige

le froid	la tempête	l'orage	la chaleur	le soleil	la neige	le vent	la pluie	la météo

L’année

Der Jahresverlauf

68 ●

	l’automne			l’hiver		le jour		l’été
	l’année	l’hiver					l’an	le printemps
l’été	l’an			l’année	le mois	l’automne	le temps	
	le printemps		l’an	l’été				
	le jour	le temps	l’automne					
l’an	le mois	l’été					l’hiver	
le jour	le temps	l’année		le printemps		l’été	le mois	
			le mois				l’automne	le jour
l’automne			l’été	l’an		l’année		le temps

le printemps	l’été	l’automne	l’hiver	l’an	le temps	le jour	le mois	l’année

L'espace

Der Weltraum

●● 69

		l'étoile	la terre	le ciel	le globe	la lune	la comète	
la planète	le ciel						l'étoile	
		le globe	la planète			le satellite		la terre
le satellite	la planète		l'étoile		la terre	le ciel		le soleil
	le soleil			la comète		la planète		
	le globe			la lune		la terre		la comète
le ciel		le soleil	le satellite		la comète	le globe		
				l'étoile				le satellite
la comète	la lune		le globe	la terre	le soleil	l'étoile		

le ciel	l'étoile	la lune	la terre	la comète	le globe	le soleil	la planète	le satellite

Dans la classe

Im Klassenzimmer

70 ●

le cahier	le professeur	l'élève	le tableau				le stylo	
la gomme				la feuille	le stylo	le cahier	le crayon	l'élève
la feuille		le crayon	le livre			la gomme		le tableau
		le professeur		le livre		l'élève		
	le crayon		le stylo		le tableau	la feuille	la gomme	
le tableau				le professeur				le crayon
le livre		le stylo	la feuille		le professeur	le crayon		la gomme
le professeur	le cahier	la gomme	le crayon					le livre
	le tableau				le livre	le professeur	l'élève	le stylo

le professeur	l'élève	le livre	le tableau	le stylo	le cahier	le crayon	la gomme	la feuille

En classe

Im Unterricht

71

	la faute				la traduction	la question		la grammaire
	la question	la grammaire				les devoirs		la traduction
	les devoirs	la dictée	la question	la leçon	la grammaire			la faute
					le vocabulaire		la question	la dictée
la faute	le vocabulaire	la question	la réponse			la grammaire	la traduction	les devoirs
la dictée	la réponse				les devoirs			
les devoirs			la leçon	la réponse	la question	la dictée	la grammaire	
la grammaire		la réponse	la traduction			la leçon	les devoirs	
la question		le vocabulaire					la faute	

les devoirs	la faute	la dictée	la leçon	la traduction	la grammaire	la question	la réponse	le vocabulaire

Le caractère

Charaktereigenschaften

72 ●

aimable			agré-able			triste	sympa-thique	char-mant
	sympa-thique	sensible			gentil	calme		honnête
triste	calme	char-mant		aimable		sensible	gentil	
			aimable		sensible			
		calme		sympa-thique	agré-able			triste
honnête	sensible		char-mant	calme		sympa-thique		gentil
		gentil	calme	honnête		agré-able		
	agré-able	sympa-thique		triste		honnête		sensible
		triste					char-mant	aimable

aimable	agré-able	sympa-thique	gentil	char-mant	sensible	honnête	triste	calme

Les sentiments et les points de vue

Gefühle und Einstellungen

● 73

aimer	tolérer			s'intéresser			envier	admirer
			détester		adorer			préférer
	admirer	préférer				s'intéresser	supporter	
envier				détester	tolérer			
		aimer				préférer		
tolérer		supporter	admirer	préférer		envier		adorer
détester	s'intéresser		préférer		admirer	aimer		
	envier			tolérer				
préférer		admirer		adorer		détester		supporter

aimer	adorer	préférer	s'intéresser	admirer	envier	tolérer	supporter	détester

L'apparence physique

Das äußere Erscheinungsbild

74

	beau		fort	mince		joli		laid
grand	mince	joli		laid				
	petit			corpulent	joli	mince		maigre
petit			mince					corpulent
maigre	joli	corpulent	grand	fort		laid	beau	mince
		laid			beau	petit	joli	
fort		petit	joli	beau			laid	
	maigre			petit		corpulent	mince	joli
joli		mince		grand	corpulent		fort	

joli	petit	mince	maigre	fort	grand	laid	corpulent	beau

Les habits

Kleidung

● 75

	le tailleur	le manteau			le chemisier			le pantalon
	la robe		la jupe	la chemise	le costume	le bas		
la chemise	le costume				le manteau	la jupe	la robe	le chemisier
le bas	le chemisier	le pantalon		le tailleur		le manteau	la jupe	
			le pantalon	le costume	la jupe		le bas	le tailleur
	la jupe					la robe		
le tailleur		la jupe		le manteau				la robe
		la robe	le chemisier		le pantalon		le costume	
le chemisier		le costume	le bas			la chemise	le manteau	

la robe	le manteau	la chemise	le pantalon	le chemisier	la jupe	le tailleur	le costume	le bas

Les habits

Kleidung

76

		le pyjama	le pull		la chaus-sure			
le pull	la chaus-sure	le cha-peau				le pyjama	la veste	le blouson
		la veste	le blouson		le pyjama			le pull
	la botte			le pull				le jean
le blouson		le jean	le cha-peau	la botte	le bonnet	le pull		la chaus-sure
le bonnet				le blouson			le cha-peau	
		la botte	le bonnet		le blouson	le cha-peau		
le pyjama	le pull	le blouson				la chaus-sure	la botte	le bonnet
la veste			la botte		le pull	le jean		

le jean	le pull	la veste	le cha-peau	la chaus-sure	la botte	le bonnet	le pyjama	le blouson

Le corps humain

Der menschliche Körper

● 77

		le dos	la tête	la jambe	la main	la bouche		le genou
le nez		le genou		l’épaule			la tête	la jambe
		la tête		le cou				
la tête	le genou		le nez		le cou		la jambe	la bouche
	le nez			le genou			le cou	
	l’épaule	le cou				le genou	le dos	
			le dos	la tête	l’épaule	la main		
la main	la tête			la bouche		le nez		le dos
le cou		la bouche		le nez		la jambe		

la bouche	le dos	la jambe	la tête	le genou	le cou	l’épaule	la main	le nez

Le corps humain

Der menschliche Körper

78

le pied		le bras		le ventre			le doigt	
			le pied				la poitrine	
la poitrine	le front	le doigt			la peau			le ventre
le ventre	la peau				la poitrine	le pied		
la joue			le front		l'oreille			le bras
		l'oreille		la peau			la joue	la poitrine
le bras			le doigt			l'oreille		la peau
	le pied				le ventre			
	le doigt			la joue		la poitrine	le front	le pied

le pied	la poitrine	le ventre	le doigt	la joue	l'oreille	le front	le bras	la peau

Chez le médecin

Beim Arzt

79

la grippe		l’ordonnance				le médicament		le docteur
la santé		la toux	la fièvre		la température		le rhume	
				le médicament	la grippe	la santé		la toux
la température			le rhume			la toux	le docteur	
	la toux	le médicament		la grippe		la fièvre	l’ordonnance	
	l’ordonnance	la fièvre	le médicament					le rhume
le médicament		la santé						
	la fièvre		le docteur		le médicament	la grippe		la température
la toux		la température		la fièvre	le rhume	le docteur		l’ordonnance

la santé	le docteur	la fièvre	la toux	le médicament	la température	le rhume	la grippe	l’ordonnance

Les métiers

Berufe

80 ●●

le médecin		le journaliste						le dentiste
		le coiffeur			le musicien		la secrétaire	le boulanger
le boulanger	le dentiste		le couturier		le médecin			le professeur
		le professeur		le journaliste		le couturier		le musicien
le dentiste	le couturier		le musicien		le coiffeur			la secrétaire
		la secrétaire				le professeur		
	le journaliste				le boulanger		le coiffeur	le médecin
le musicien		le médecin		le couturier		le dentiste		le journaliste
la secrétaire	le coiffeur		le professeur			le boulanger		

le journaliste	le professeur	le médecin	le dentiste	le musicien	le couturier	le coiffeur	le boulanger	la secrétaire

Le monde du travail

Die Arbeitswelt

81

			le poste		le collègue			le contact
la direction	le collègue	l’employé				le chômage		le poste
	le personnel	le contact	le produit		le chômage		l’employé	
le personnel				le produit	la direction			le chômage
le collègue		le produit				l’employé		la direction
	l’employé		le collègue		le directeur		le poste	
	la direction		le chômage		le contact	le poste	le collègue	
le produit		le poste				le personnel	le chômage	le directeur
le chômage			le personnel		le produit			

le directeur	l’employé	le collègue	le produit	le personnel	le contact	le chômage	la direction	le poste

Le commerce

Der Handel

82 ●●

l’acheteur					le client	le magasin		le prix
le marché	le vendeur	le client		l’acheteur				la vente
	le prix		l’achat	la vente	le marché	le vendeur		
	l’achat	la vente		le magasin		le marché	le client	
le magasin				le vendeur				la marque
	la marque		le marché	le client		l’achat		
le client	le marché	le prix		l’achat	l’acheteur	la vente		le vendeur
la vente						l’acheteur		
		le vendeur		le prix		le client	le magasin	le marché

le marché	le magasin	le client	l’achat	le vendeur	la vente	le prix	l’acheteur	la marque

L'appartement

Die Wohnung

●● 83

la clé		l'esca-lier		les meubles	la terrasse	la porte	l'ascen-seur	l'étage
la terrasse					l'esca-lier	le garage		le balcon
l'étage	l'ascen-seur	le garage		la clé				
		le balcon		la porte			l'esca-lier	la clé
	la porte	la clé			l'ascen-seur		le balcon	les meubles
les meubles		l'étage						le garage
					les meubles	l'esca-lier	l'étage	la terrasse
le balcon	l'esca-lier			l'ascen-seur	le garage	la clé		la porte
la porte				la terrasse	la clé			

la porte	la clé	l'esca-lier	l'ascen-seur	l'étage	les meubles	la terrasse	le garage	le balcon

Le ménage

Haushalt

84 ●

le nettoyage	le lave-vaisselle		la vaisselle	le lave-linge			l’aspirateur	
	le balai		la poubelle		le lavage	le nettoyage	le lave-linge	le lave-vaisselle
	la poubelle	le lave-linge		le nettoyage	le seau	le balai		la vaisselle
	la vaisselle					le lavage	le lave-vaisselle	
le lavage	le lave-linge	l’aspirateur		la vaisselle		la poubelle	le nettoyage	le balai
	le nettoyage	la poubelle			l’aspirateur		le seau	
la poubelle		le balai		le lave-vaisselle	le nettoyage	le lave-linge	la vaisselle	
le lave-linge	le seau	le lave-vaisselle	le lavage		la vaisselle		la poubelle	le nettoyage
	l’aspirateur		le lave-linge	le seau			le balai	le lavage

le balai	le lavage	le seau	le nettoyage	la vaisselle	l’aspirateur	le lave-linge	le lave-vaisselle	la poubelle

Les pièces de la maison

Die Zimmer im Haus

●● 85

la salle à manger					les toilettes			la cuisine
les toilettes		la salle de bains	le bureau	la cuisine	la chambre	la salle à manger		la cave
la cuisine		la chambre			la cave	le bureau		la salle de bains
			la chambre		le salon			
	la cave	le bureau				les toilettes	la chambre	
la salle de bains			la salle à manger		le bureau			le salon
le bureau		la salle à manger	le cagibi			le salon		les toilettes
la chambre		le salon	la cave	le bureau	la salle de bains	la cuisine		le cagibi
la cave			les toilettes					la chambre

le salon	la salle à manger	la salle de bains	la cuisine	la chambre	le bureau	la cave	le cagibi	les toilettes

Dans la cuisine

In der Küche

86

	le four				le frigo			la râpe
	la casserole			le four		la poêle		la vaisselle
la cafetière		le frigo	la poêle		la râpe		la casserole	le four
	la poêle	la vaisselle	la cuisinière		la casserole	le frigo	l'évier	
			le four		la poêle			
la râpe	l'évier			la cafetière			la poêle	la cuisinière
la vaisselle	le frigo		la cafetière				la râpe	
l'évier		le four		le frigo			la cafetière	
la casserole					l'évier	la cuisinière		le frigo

le frigo	le four	la cuisinière	la râpe	la cafetière	la vaisselle	l'évier	la poêle	la casserole

Dans le salon

Im Wohnzimmer

●● 87

	la bibliothèque	la commode		l'étagère		le fauteuil	la table	
	la table		le fauteuil		la chaise	la bibliothèque	le rideau	le tapis
le rideau		la chaise			le tapis			
		le tapis			le canapé			
le fauteuil			le rideau		la table	la chaise	la commode	
	le canapé	la table	la bibliothèque			l'étagère	le tapis	
la bibliothèque		le fauteuil	la commode					la table
	la chaise	l'étagère			le fauteuil	le rideau	la bibliothèque	
	la commode		la chaise	le canapé				le fauteuil

la table	la chaise	le fauteuil	le rideau	la bibliothèque	le tapis	la commode	l'étagère	le canapé

Dans la salle de bains

Im Badezimmer

88 ●●

	la douche			le miroir	la baignoire	le dentifrice		le peigne
le peigne	le miroir	le dentifrice		le savon			la brosse à dents	
		la serviette					la douche	le lavabo
le dentifrice		la brosse à dents		le lavabo	la douche	le peigne		la baignoire
					la serviette			la brosse à dents
le lavabo	la baignoire	le savon		le peigne			le dentifrice	la douche
la serviette		le miroir	la brosse à dents					le savon
le savon			le lavabo					
la douche		le peigne	la baignoire	le dentifrice			la serviette	le miroir

le miroir	le lavabo	la douche	le dentifrice	la baignoire	le peigne	la serviette	la brosse à dents	le savon

Dans le jardin

Im Garten

●● 89

la fleur	l’in-secte	la feuille		l’oiseau	la plante	l’arbre		le jardi-nage
	l’oiseau		l’es-cargot				la plante	
	l’arbre				l’in-secte	l’ar-buste		la fleur
			l’arbre		l’es-cargot		le jardi-nage	
l’es-cargot		le jardi-nage				la plante		l’in-secte
	la plante		l’in-secte		l’ar-buste			
la feuille		l’oiseau	la plante				l’ar-buste	
	le jardi-nage				la feuille		l’in-secte	
l’in-secte		la plante	l’oiseau	l’ar-buste		la feuille	la fleur	l’arbre

le jardi-nage	la plante	la fleur	l’arbre	la feuille	l’in-secte	l’ar-buste	l’es-cargot	l’oiseau

Les loisirs

Freizeitbeschäftigungen

90 ●

peindre		dessiner			danser	coudre	bricoler	filmer
chanter							jouer	peindre
filmer		lire		peindre	bricoler		dessiner	
		filmer					chanter	
jouer			lire	coudre	filmer		danser	dessiner
danser	bricoler	coudre			jouer	filmer		lire
dessiner		jouer		filmer	lire		coudre	bricoler
bricoler			coudre			peindre		
	lire	peindre	danser					jouer

lire	jouer	peindre	bricoler	filmer	danser	dessiner	chanter	coudre

Le sport

Sport

●●● 91

le cyclisme						la compétition	le foot	le surf
	le surf	le foot	la compétition	l'équipe		le match		
le match				le cyclisme				
				le foot	la natation	le golf	le record	
	la compétition				le match		le cyclisme	
l'équipe	le golf	la natation	le record			le foot	le surf	
le record		le cyclisme	le golf		l'équipe			la natation
	le match				la compétition	le record	l'équipe	
		le surf	la natation					le golf

le surf	l'équipe	le match	la compétition	le record	le foot	le cyclisme	le golf	la natation

L’invitation

Die Einladung

92 ●

	le cadeau	l’anniversaire		l’invité		la fête		
			le mariage	l’hôte	le cadeau		l’anniversaire	la naissance
le mariage	la surprise						la visite	
	la naissance	le mariage	l’invité		l’hôte	la visite	le cadeau	
		le cadeau		la surprise		l’hôte		
la visite			l’anniversaire		la naissance			la surprise
	la visite						l’invité	la fête
l’hôte	l’invité		le cadeau	la visite	l’anniversaire			
		la surprise		la naissance		le cadeau	l’hôte	

le cadeau	la fête	l’anniversaire	l’invité	la surprise	le mariage	la visite	l’hôte	la naissance

Les divertissements

Unterhaltung

93

	la discothèque	le théâtre				le festival		la télé
la télé				la musique	le concert		le film	
le film		le concert				la vidéo	l'opéra	
	la vidéo		la musique					la discothèque
			la télé			le concert	le théâtre	l'opéra
l'opéra	le théâtre			le concert	le festival	la musique		la vidéo
					le film			
la vidéo		le festival		le théâtre			la discothèque	le film
la discothèque	le concert		la vidéo	la télé	l'opéra		la musique	le festival

le film	la musique	la vidéo	la télé	le concert	la discothèque	l'opéra	le théâtre	le festival

Les médias

Die Medien

94

la télévision					la radio	le cinéma		le journal
la radio	le quotidien	le journal		l'information			Internet	
		Internet			l'émission	le quotidien		la presse
l'émission	la télévision		l'information				le journal	
	le journal	l'information		l'émission		Internet	le cinéma	
	la presse		le quotidien				l'émission	la radio
le journal		le quotidien			l'information	la radio		
	Internet			la radio		l'émission	la presse	le cinéma
la presse		l'émission			la télévision			l'information

la télévision	la radio	la presse	le cinéma	Internet	le journal	l'émission	l'information	le quotidien

L’ordinateur

Der Computer

●●● 95

	le scanner	l’imprimante		la clé USB		le document	l’écran	
la souris			l’écran		l’imprimante	le cédérom		le scanner
le fichier								
le document		la souris		le scanner			le cédérom	
l’écran		le cédérom	le document			l’imprimante	le scanner	la clé USB
	l’imprimante	le clavier		le cédérom		la souris		
		le scanner	le clavier			le fichier		
	le document				le cédérom		la souris	
la clé USB		l’écran	le fichier				le clavier	l’imprimante

la souris	le document	le cédérom	la clé USB	le scanner	le clavier	le fichier	l’écran	l’imprimante

La semaine

Die Woche

96 ●●

le jour			jeudi		mer-credi	di-manche		mardi
	le week-end	lundi					jeudi	
	mardi	jeudi	samedi	le jour			le week-end	mer-credi
le week-end		di-manche		ven-dredi				lundi
mardi		samedi	le week-end			le jour		ven-dredi
ven-dredi	lundi				mardi	le week-end		samedi
jeudi	le jour			samedi	le week-end	mer-credi	ven-dredi	
	ven-dredi		di-manche			lundi	le jour	
lundi		le week-end	ven-dredi		le jour			jeudi

lundi	mardi	mer-credi	jeudi	ven-dredi	samedi	di-manche	le week-end	le jour

Les couleurs

Die Farben

● 97

	noir				jaune			bleu
gris		blanc					rouge	
orange	jaune		vert		violet	blanc	noir	gris
				vert		rouge	blanc	
violet	blanc	rouge	bleu		orange	vert		noir
	orange	gris		noir	blanc	bleu		
jaune	violet		blanc	gris				
	rouge					gris		vert
bleu			noir		rouge		jaune	

jaune	orange	rouge	noir	bleu	blanc	vert	gris	violet

Les adverbes

Adverbien

98 ●

là	souvent	jamais	hier		bientôt	demain	déjà	ici
	aujourd’hui						souvent	
	demain		ici		là		bientôt	
	déjà			bientôt		souvent		jamais
	jamais		là	demain	hier		ici	
ici		bientôt		déjà			aujourd’hui	
	là		bientôt		déjà		jamais	
	bientôt						là	
aujourd’hui	ici	déjà	jamais		souvent	bientôt	demain	hier

ici	là	hier	aujourd’hui	demain	déjà	bientôt	souvent	jamais

Les adverbes de temps

Zeitadverbien

99

depuis		ensuite	maintenant	avant	tôt			
autrefois					tard	toujours	ensuite	
	d'abord		toujours	autrefois				
	maintenant			ensuite			tôt	tard
ensuite		tôt		d'abord		depuis		
toujours					avant			
tard	tôt			maintenant	autrefois	d'abord	avant	
avant		depuis	tard				autrefois	toujours
		d'abord			depuis	tôt		ensuite

autrefois	tôt	ensuite	maintenant	toujours	d'abord	tard	avant	depuis

Les verbes de mouvement

Verben der Bewegung

100

partir	aller			arriver	monter			
arriver		des-cendre	venir				aller	monter
venir			partir	des-cendre		arriver	rentrer	entrer
	monter						partir	
rentrer			monter		arriver			venir
	arriver	venir				des-cendre	monter	
monter	partir	sortir		entrer	des-cendre			rentrer
aller	rentrer					entrer		partir
			arriver	partir			sortir	aller

aller	venir	arriver	partir	entrer	rentrer	sortir	monter	des-cendre

Les verbes de perception sensorielle

Verben der Sinneswahrnehmung

● 101

percevoir	voir			regarder			observer	
	écouter		observer	goûter		percevoir		sentir
	toucher	sentir		entendre	voir		goûter	
			entendre		écouter			regarder
goûter	entendre	percevoir	sentir			voir	écouter	observer
		observer		voir		entendre		
	observer		regarder	percevoir		sentir	toucher	
sentir		toucher		écouter	entendre		regarder	
	goûter			sentir			entendre	percevoir

voir	écouter	sentir	entendre	toucher	goûter	regarder	percevoir	observer

Les verbes de communication

Verben der Verständigung

102 ●

télé-phoner	com-menter	deman-der				parler		ré-clamer
confir-mer				écouter	parler			
parler				ré-clamer	com-menter	in-former		deman-der
	ré-clamer	écouter	confir-mer		deman-der		parler	
discuter	deman-der		in-former				com-menter	confir-mer
	télé-phoner		écouter		discuter	deman-der	ré-clamer	
ré-clamer		in-former	com-menter	deman-der				discuter
			ré-clamer	confir-mer				parler
deman-der		com-menter				ré-clamer	in-former	écouter

ré-clamer	confir-mer	parler	discuter	écouter	com-menter	deman-der	télé-phoner	in-former

Les nombres cardinaux

Grundzahlen

●● 103

dix-huit				treize				onze
quatorze		seize	quinze	onze	dix-huit	dix-sept		douze
treize				quatorze		seize		
		onze		seize		dix-huit		
seize	douze		treize		quinze		onze	quatorze
		treize		douze		quinze		
onze			douze	dix-huit				quinze
quinze		dix-sept	onze	dix-neuf	quatorze	douze		dix-huit
		dix-neuf		quinze				dix-sept

onze	douze	treize	quatorze	quinze	seize	dix-sept	dix-huit	dix-neuf

Les nombres cardinaux

Grundzahlen

104 ●

vingt	quatre-vingt-dix		soixante	soixante-dix			cent	
trente	quarante				quatre-vingts	vingt	soixante-dix	quatre-vingt-dix
	cinquante	soixante-dix		vingt	trente	quarante		soixante
	soixante					quatre-vingts	quatre-vingt-dix	
quatre-vingts	soixante-dix	cent		soixante		cinquante	vingt	quarante
	vingt	cinquante			cent		trente	
cinquante		quarante		quatre-vingt-dix	vingt	soixante-dix	soixante	
soixante-dix	trente	quatre-vingt-dix	quatre-vingts		soixante		cinquante	vingt
	cent		soixante-dix	trente			quarante	quatre-vingts

vingt	trente	quarante	cinquante	soixante	soixante-dix	quatre-vingts	quatre-vingt-dix	cent

Les nombres cardinaux

Grundzahlen

●● 105

trente-deux			quatre-vingt-dix-huit		cent neuf	vingt et un		cinquante-quatre
cinquante-quatre	cent neuf	soixante-seize		quarante-trois				
		vingt et un		quatre-vingt-sept			trente-deux	soixante-seize
	trente-deux		cent neuf	quatre-vingt-dix-huit	vingt et un		soixante-seize	
quarante-trois		cent neuf				cinquante-quatre		
	vingt et un	quatre-vingt-dix-huit				trente-deux	quatre-vingt-sept	
vingt et un				soixante-cinq		quarante-trois		
				vingt et un		soixante-seize	cinquante-quatre	quatre-vingt-sept
soixante-seize		quarante-trois	trente-deux		quatre-vingt-sept			soixante-cinq

vingt et un	trente-deux	quarante-trois	cinquante-quatre	soixante-cinq	soixante-seize	quatre-vingt-sept	quatre-vingt-dix-huit	cent neuf

Les nombres ordinaux

Ordnungszahlen

106

le sixième						le premier	le troisième	
le cinquième	le deuxième	le huitième		le quatrième	le troisième		le septième	
		le premier		le neuvième	le deuxième		le huitième	
le neuvième					le premier	le quatrième		
	le troisième	le cinquième		le huitième			le premier	le neuvième
le quatrième			le deuxième			le troisième		
	le neuvième	le troisième	le cinquième	le deuxième		le sixième		
le huitième	le sixième		le neuvième	le premier		le deuxième	le cinquième	le troisième
	le cinquième							le septième

le premier	le deuxième	le troisième	le quatrième	le cinquième	le sixième	le septième	le huitième	le neuvième

1

il/elle a	nous avons	vous avez	tu as	j'ai	ils/elles ont
tu as	ils/elles ont	j'ai	vous avez	nous avons	il/elle a
j'ai	tu as	ils/elles ont	il/elle a	vous avez	nous avons
vous avez	il/elle a	nous avons	j'ai	ils/elles ont	tu as
ils/elles ont	j'ai	tu as	nous avons	il/elle a	vous avez
nous avons	vous avez	il/elle a	ils/elles ont	tu as	j'ai

2

il/elle vient	nous venons	vous venez	tu viens	je viens	ils/elles viennent
tu viens	ils/elles viennent	je viens	vous venez	nous venons	il/elle vient
je viens	tu viens	ils/elles viennent	il/elle vient	vous venez	nous venons
vous venez	il/elle vient	nous venons	je viens	ils/elles viennent	tu viens
ils/elles viennent	je viens	tu viens	nous venons	il/elle vient	vous venez
nous venons	vous venez	il/elle vient	ils/elles viennent	tu viens	je viens

3

je vais	nous allons	il/elle va	vous allez	ils/elles vont	tu vas
vous allez	tu vas	ils/elles vont	je vais	nous allons	il/elle va
il/elle va	je vais	nous allons	ils/elles vont	tu vas	vous allez
ils/elles vont	vous allez	tu vas	il/elle va	je vais	nous allons
tu vas	ils/elles vont	vous allez	nous allons	il/elle va	je vais
nous allons	il/elle va	je vais	tu vas	vous allez	ils/elles vont

4

je fais	nous faisons	il/elle fait	vous faites	ils/elles font	tu fais
vous faites	tu fais	ils/elles font	je fais	nous faisons	il/elle fait
il/elle fait	je fais	nous faisons	ils/elles font	tu fais	vous faites
ils/elles font	vous faites	tu fais	il/elle fait	je fais	nous faisons
tu fais	ils/elles font	vous faites	nous faisons	il/elle fait	je fais
nous faisons	il/elle fait	je fais	tu fais	vous faites	ils/elles font

5

je mets	nous mettons	il/elle met	vous mettez	ils/elles mettent	tu mets
vous mettez	tu mets	ils/elles mettent	je mets	nous mettons	il/elle met
il/elle met	je mets	nous mettons	ils/elles mettent	tu mets	vous mettez
ils/elles mettent	vous mettez	tu mets	il/elle met	je mets	nous mettons
tu mets	ils/elles mettent	vous mettez	nous mettons	il/elle met	je mets
nous mettons	il/elle met	je mets	tu mets	vous mettez	ils/elles mettent

6

je finis	nous finissons	il/elle finit	vous finissez	ils/elles finissent	tu finis
vous finissez	tu finis	ils/elles finissent	je finis	nous finissons	il/elle finit
il/elle finit	je finis	nous finissons	ils/elles finissent	tu finis	vous finissez
ils/elles finissent	vous finissez	tu finis	il/elle finit	je finis	nous finissons
tu finis	ils/elles finissent	vous finissez	nous finissons	il/elle finit	je finis
nous finissons	il/elle finit	je finis	tu finis	vous finissez	ils/elles finissent

7

je sors	nous sortons	il/elle sort	vous sortez	ils/elles sortent	tu sors
vous sortez	tu sors	ils/elles sortent	je sors	nous sortons	il/elle sort
il/elle sort	je sors	nous sortons	ils/elles sortent	tu sors	vous sortez
ils/elles sortent	vous sortez	tu sors	il/elle sort	je sors	nous sortons
tu sors	ils/elles sortent	vous sortez	nous sortons	il/elle sort	je sors
nous sortons	il/elle sort	je sors	tu sors	vous sortez	ils/elles sortent

8

je vis	nous vivons	il/elle vit	vous vivez	ils/elles vivent	tu vis
vous vivez	tu vis	ils/elles vivent	je vis	nous vivons	il/elle vit
il/elle vit	je vis	nous vivons	ils/elles vivent	tu vis	vous vivez
ils/elles vivent	vous vivez	tu vis	il/elle vit	je vis	nous vivons
tu vis	ils/elles vivent	vous vivez	nous vivons	il/elle vit	je vis
nous vivons	il/elle vit	je vis	tu vis	vous vivez	ils/elles vivent

9

je suis	nous sommes	il/elle est	vous êtes	ils/elles sont	tu es
vous êtes	tu es	ils/elles sont	je suis	nous sommes	il/elle est
il/elle est	je suis	nous sommes	ils/elles sont	tu es	vous êtes
ils/elles sont	vous êtes	tu es	il/elle est	je suis	nous sommes
tu es	ils/elles sont	vous êtes	nous sommes	il/elle est	je suis
nous sommes	il/elle est	je suis	tu es	vous êtes	ils/elles sont

10

je prends	nous prenons	il/elle prend	vous prenez	ils/elles prennent	tu prends
vous prenez	tu prends	ils/elles prennent	je prends	nous prenons	il/elle prend
il/elle prend	je prends	nous prenons	ils/elles prennent	tu prends	vous prenez
ils/elles prennent	vous prenez	tu prends	il/elle prend	je prends	nous prenons
tu prends	ils/elles prennent	vous prenez	nous prenons	il/elle prend	je prends
nous prenons	il/elle prend	je prends	tu prends	vous prenez	ils/elles prennent

11

je veux	nous voulons	il/elle veut	vous voulez	ils/elles veulent	tu veux
vous voulez	tu veux	ils/elles veulent	je veux	nous voulons	il/elle veut
il/elle veut	je veux	nous voulons	ils/elles veulent	tu veux	vous voulez
ils/elles veulent	vous voulez	tu veux	il/elle veut	je veux	nous voulons
tu veux	ils/elles veulent	vous voulez	nous voulons	il/elle veut	je veux
nous voulons	il/elle veut	je veux	tu veux	vous voulez	ils/elles veulent

12

je vois	nous voyons	il/elle voit	vous voyez	ils/elles voient	tu vois
vous voyez	tu vois	ils/elles voient	je vois	nous voyons	il/elle voit
il/elle voit	je vois	nous voyons	ils/elles voient	tu vois	vous voyez
ils/elles voient	vous voyez	tu vois	il/elle voit	je vois	nous voyons
tu vois	ils/elles voient	vous voyez	nous voyons	il/elle voit	je vois
nous voyons	il/elle voit	je vois	tu vois	vous voyez	ils/elles voient

13

s’amuser	se reposer	se coucher	s’appeler	se rencontrer	se lever
s’appeler	se lever	se rencontrer	se coucher	se reposer	s’amuser
se reposer	s’amuser	s’appeler	se lever	se coucher	se rencontrer
se coucher	se rencontrer	se lever	s’amuser	s’appeler	se reposer
se lever	se coucher	se reposer	se rencontrer	s’amuser	s’appeler
se rencontrer	s’appeler	s’amuser	se reposer	se lever	se coucher

14

où ?	quand ?	pourquoi ?	combien ?	comment ?	qui ?
combien ?	qui ?	comment ?	pourquoi ?	quand ?	où ?
quand ?	où ?	combien ?	qui ?	pourquoi ?	comment ?
pourquoi ?	comment ?	qui ?	où ?	combien ?	quand ?
qui ?	pourquoi ?	quand ?	comment ?	où ?	combien ?
comment ?	combien ?	où ?	quand ?	qui ?	pourquoi ?

15

six	trois	un	quatre	cinq	deux
quatre	deux	cinq	un	trois	six
trois	six	quatre	deux	un	cinq
un	cinq	deux	six	quatre	trois
deux	un	trois	cinq	six	quatre
cinq	quatre	six	trois	deux	un

16

douze	neuf	sept	dix	onze	huit
dix	huit	onze	sept	neuf	douze
neuf	douze	dix	huit	sept	onze
sept	onze	huit	douze	dix	neuf
huit	sept	neuf	onze	douze	dix
onze	dix	douze	neuf	huit	sept

17

la seconde	le mois	le jour	la semaine	la minute	l’heure
la semaine	l’heure	la minute	le jour	le mois	la seconde
le mois	la seconde	la semaine	l’heure	le jour	la minute
le jour	la minute	l’heure	la seconde	la semaine	le mois
l’heure	le jour	le mois	la minute	la seconde	la semaine
la minute	la semaine	la seconde	le mois	l’heure	le jour

18

l’après-midi	le midi	le soir	le jour	la nuit	le matin
la nuit	le jour	le matin	le soir	l’après-midi	le midi
le soir	la nuit	le jour	le midi	le matin	l’après-midi
le matin	l’après-midi	le midi	la nuit	le jour	le soir
le jour	le soir	l’après-midi	le matin	le midi	la nuit
le midi	le matin	la nuit	l’après-midi	le soir	le jour

19

l’Italie	la France	l’Angleterre	la Belgique	l’Espagne	l’Allemagne
la Belgique	l’Allemagne	l’Espagne	l’Angleterre	la France	l’Italie
la France	l’Italie	la Belgique	l’Allemagne	l’Angleterre	l’Espagne
l’Angleterre	l’Espagne	l’Allemagne	l’Italie	la Belgique	la France
l’Allemagne	l’Angleterre	la France	l’Espagne	l’Italie	la Belgique
l’Espagne	la Belgique	l’Italie	la France	l’Allemagne	l’Angleterre

20

la Russie	la Grèce	le Portugal	la Suisse	l’Autriche	les Pays-Bas
la Suisse	les Pays-Bas	l’Autriche	le Portugal	la Grèce	la Russie
la Grèce	la Russie	la Suisse	les Pays-Bas	le Portugal	l’Autriche
le Portugal	l’Autriche	les Pays-Bas	la Russie	la Suisse	la Grèce
les Pays-Bas	le Portugal	la Grèce	l’Autriche	la Russie	la Suisse
l’Autriche	la Suisse	la Russie	la Grèce	les Pays-Bas	le Portugal

21

l’Europe	l’Amérique du Nord	l’Amérique du Sud	l’Asie	l’Afrique	l’Australie
l’Asie	l’Australie	l’Afrique	l’Amérique du Sud	l’Amérique du Nord	l’Europe
l’Amérique du Nord	l’Europe	l’Asie	l’Australie	l’Amérique du Sud	l’Afrique
l’Amérique du Sud	l’Afrique	l’Australie	l’Europe	l’Asie	l’Amérique du Nord
l’Australie	l’Amérique du Sud	l’Amérique du Nord	l’Afrique	l’Europe	l’Asie
l’Afrique	l’Asie	l’Europe	l’Amérique du Nord	l’Australie	l’Amérique du Sud

22

français	espagnol	italien	anglais	belge	allemand
anglais	allemand	belge	italien	espagnol	français
espagnol	français	anglais	allemand	italien	belge
italien	belge	allemand	français	anglais	espagnol
allemand	italien	espagnol	belge	français	anglais
belge	anglais	français	espagnol	allemand	italien

23

la sœur	le père	la fille	la mère	le fils	le frère
la mère	le frère	le fils	la fille	le père	la sœur
le père	la sœur	la mère	le frère	la fille	le fils
la fille	le fils	le frère	la sœur	la mère	le père
le frère	la fille	le père	le fils	la sœur	la mère
le fils	la mère	la sœur	le père	le frère	la fille

24

la femme	l’oncle	le grand-père	la tante	le mari	la grand-mère
la tante	la grand-mère	le mari	le grand-père	l’oncle	la femme
l’oncle	la femme	la tante	la grand-mère	le grand-père	le mari
le grand-père	le mari	la grand-mère	la femme	la tante	l’oncle
la grand-mère	le grand-père	l’oncle	le mari	la femme	la tante
le mari	la tante	la femme	l’oncle	la grand-mère	le grand-père

25

l'enveloppe	le colis	le timbre	la lettre	le facteur	la carte postale
le facteur	la lettre	la carte postale	le timbre	l'enveloppe	le colis
le timbre	le facteur	la lettre	le colis	la carte postale	l'enveloppe
la carte postale	l'enveloppe	le colis	le facteur	la lettre	le timbre
la lettre	le timbre	l'enveloppe	la carte postale	le colis	le facteur
le colis	la carte postale	le facteur	l'enveloppe	le timbre	la lettre

26

le prix	la pièce de monnaie	l'euro	le porte-monnaie	le billet	la carte de crédit
le porte-monnaie	la carte de crédit	le billet	l'euro	la pièce de monnaie	le prix
la pièce de monnaie	le prix	le porte-monnaie	la carte de crédit	l'euro	le billet
l'euro	le billet	la carte de crédit	le prix	le porte-monnaie	la pièce de monnaie
la carte de crédit	l'euro	la pièce de monnaie	le billet	le prix	le porte-monnaie
le billet	le porte-monnaie	le prix	la pièce de monnaie	la carte de crédit	l'euro

27

le cinéma	le café	le jardin public	l'église	l'arrêt de bus	la piscine
l'arrêt de bus	l'église	la piscine	le jardin public	le cinéma	le café
le jardin public	l'arrêt de bus	l'église	le café	la piscine	le cinéma
la piscine	le cinéma	le café	l'arrêt de bus	l'église	le jardin public
l'église	le jardin public	le cinéma	la piscine	le café	l'arrêt de bus
le café	la piscine	l'arrêt de bus	le cinéma	le jardin public	l'église

28

la boulangerie	l'épicerie	la pâtisserie	la librairie	la boucherie	la poissonnerie
la librairie	la poissonnerie	la boucherie	la pâtisserie	l'épicerie	la boulangerie
l'épicerie	la boulangerie	la librairie	la poissonnerie	la pâtisserie	la boucherie
la pâtisserie	la boucherie	la poissonnerie	la boulangerie	la librairie	l'épicerie
la poissonnerie	la pâtisserie	l'épicerie	la boucherie	la boulangerie	la librairie
la boucherie	la librairie	la boulangerie	l'épicerie	la poissonnerie	la pâtisserie

29

mai	avril	janvier	février	mars	juin
février	juin	mars	janvier	avril	mai
avril	mai	février	juin	janvier	mars
janvier	mars	juin	mai	février	avril
juin	janvier	avril	mars	mai	février
mars	février	mai	avril	juin	janvier

30

août	décembre	septembre	novembre	octobre	juillet
novembre	juillet	octobre	septembre	décembre	août
décembre	août	novembre	juillet	septembre	octobre
septembre	octobre	juillet	août	novembre	décembre
juillet	septembre	décembre	octobre	août	novembre
octobre	novembre	août	décembre	juillet	septembre

31

le lycée	l'université	les études	l'apprentissage	le collège	le parcours
l'apprentissage	le parcours	le collège	les études	l'université	le lycée
l'université	le lycée	l'apprentissage	le parcours	les études	le collège
les études	le collège	le parcours	le lycée	l'apprentissage	l'université
le parcours	les études	l'université	le collège	le lycée	l'apprentissage
le collège	l'apprentissage	le lycée	l'université	le parcours	les études

32

le directeur	l'opticienne	le serveur	la serveuse	l'opticien	la directrice
la serveuse	la directrice	l'opticien	le serveur	l'opticienne	le directeur
l'opticienne	le directeur	la serveuse	la directrice	le serveur	l'opticien
le serveur	l'opticien	la directrice	le directeur	la serveuse	l'opticienne
la directrice	le serveur	l'opticienne	l'opticien	le directeur	la serveuse
l'opticien	la serveuse	le directeur	l'opticienne	la directrice	le serveur

33

l'adresse	la profession	le nom	la nationalité	la date de naissance	le prénom
la nationalité	le prénom	la date de naissance	le nom	la profession	l'adresse
la profession	l'adresse	la nationalité	le prénom	le nom	la date de naissance
le nom	la date de naissance	le prénom	l'adresse	la nationalité	la profession
le prénom	le nom	la profession	la date de naissance	l'adresse	la nationalité
la date de naissance	la nationalité	l'adresse	la profession	le prénom	le nom

34

le réveillon	Pâques	Noël	la Pentecôte	l'anniversaire	la Saint-Sylvestre
la Pentecôte	la Saint-Sylvestre	l'anniversaire	Noël	Pâques	le réveillon
Pâques	le réveillon	la Pentecôte	la Saint-Sylvestre	Noël	l'anniversaire
Noël	l'anniversaire	la Saint-Sylvestre	le réveillon	la Pentecôte	Pâques
la Saint-Sylvestre	Noël	Pâques	l'anniversaire	le réveillon	la Pentecôte
l'anniversaire	la Pentecôte	le réveillon	Pâques	la Saint-Sylvestre	Noël

35

impoli	poli	régulier	correct	irrégulier	incorrect
irrégulier	correct	incorrect	régulier	impoli	poli
régulier	irrégulier	correct	poli	incorrect	impoli
incorrect	impoli	poli	irrégulier	correct	régulier
correct	régulier	impoli	incorrect	poli	irrégulier
poli	incorrect	irrégulier	impoli	régulier	correct

36

froid	jeune	grand	vieux	petit	chaud
petit	vieux	chaud	grand	froid	jeune
grand	petit	vieux	jeune	chaud	froid
chaud	froid	jeune	petit	vieux	grand
vieux	grand	froid	chaud	jeune	petit
jeune	chaud	petit	froid	grand	vieux

37

en France	en Espagne	en Corse	au Canada	au Portugal	en Suisse
au Canada	en Suisse	au Portugal	en France	en Espagne	en Corse
en Corse	en France	en Espagne	au Portugal	en Suisse	au Canada
au Portugal	au Canada	en Suisse	en Corse	en France	en Espagne
en Suisse	au Portugal	au Canada	en Espagne	en Corse	en France
en Espagne	en Corse	en France	en Suisse	au Canada	au Portugal

38

dans la rue	sur la table	derrière la porte	devant la télé	sous la chaise	entre les arbres
devant la télé	entre les arbres	sous la chaise	dans la rue	sur la table	derrière la porte
derrière la porte	dans la rue	sur la table	sous la chaise	entre les arbres	devant la télé
sous la chaise	devant la télé	entre les arbres	derrière la porte	dans la rue	sur la table
entre les arbres	sous la chaise	devant la télé	sur la table	derrière la porte	dans la rue
sur la table	derrière la porte	dans la rue	entre les arbres	devant la télé	sous la chaise

39

depuis hier	pendant le repas	après la fête	vers midi	avant le cours	jusqu'à demain
vers midi	jusqu'à demain	avant le cours	après la fête	pendant le repas	depuis hier
pendant le repas	depuis hier	vers midi	jusqu'à demain	après la fête	avant le cours
après la fête	avant le cours	jusqu'à demain	depuis hier	vers midi	pendant le repas
jusqu'à demain	après la fête	pendant le repas	avant le cours	depuis hier	vers midi
avant le cours	vers midi	depuis hier	pendant le repas	jusqu'à demain	après la fête

40

la présence	la liberté	absent	libre	l'absence	présent
libre	présent	l'absence	absent	la liberté	la présence
la liberté	la présence	libre	présent	absent	l'absence
absent	l'absence	présent	la présence	libre	la liberté
présent	absent	la liberté	l'absence	la présence	libre
l'absence	libre	la présence	la liberté	présent	absent

41

entrer	choisir	la boisson	le choix	l'entrée	boire
l'entrée	le choix	boire	la boisson	entrer	choisir
la boisson	l'entrée	le choix	choisir	boire	entrer
boire	entrer	choisir	l'entrée	le choix	la boisson
le choix	la boisson	entrer	boire	choisir	l'entrée
choisir	boire	l'entrée	entrer	la boisson	le choix

42

la vie	la fin	sortir	finir	la sortie	vivre
finir	vivre	la sortie	sortir	la fin	la vie
la fin	la vie	finir	vivre	sortir	la sortie
sortir	la sortie	vivre	la vie	finir	la fin
vivre	sortir	la fin	la sortie	la vie	finir
la sortie	finir	la vie	la fin	vivre	sortir

43

folle	fou	long	blanc	longue	blanche
longue	blanc	blanche	long	folle	fou
long	longue	blanc	fou	blanche	folle
blanche	folle	fou	longue	blanc	long
blanc	long	folle	blanche	fou	longue
fou	blanche	longue	folle	long	blanc

44

vieille	vieux	beau	frais	belle	fraîche
belle	frais	fraîche	beau	vieille	vieux
beau	belle	frais	vieux	fraîche	vieille
fraîche	vieille	vieux	belle	frais	beau
frais	beau	vieille	fraîche	vieux	belle
vieux	fraîche	belle	vieille	beau	frais

45

le riz	le pain	le beurre	le saucisson	le yaourt	la viande	le fromage	l'œuf	les pâtes
le yaourt	l'œuf	le fromage	le beurre	les pâtes	le pain	la viande	le saucisson	le riz
les pâtes	la viande	le saucisson	le riz	le fromage	l'œuf	le beurre	le pain	le yaourt
le saucisson	les pâtes	le pain	l'œuf	le beurre	le riz	le yaourt	la viande	le fromage
le fromage	le riz	l'œuf	la viande	le pain	le yaourt	le saucisson	les pâtes	le beurre
le beurre	le yaourt	la viande	les pâtes	le saucisson	le fromage	le pain	le riz	l'œuf
l'œuf	le fromage	le yaourt	le pain	le riz	le saucisson	les pâtes	le beurre	la viande
le pain	le beurre	le riz	le fromage	la viande	les pâtes	l'œuf	le yaourt	le saucisson
la viande	le saucisson	les pâtes	le yaourt	l'œuf	le beurre	le riz	le fromage	le pain

46

le jus de fruit	le lait	les légumes	le sel	le jambon	la tomate	le poivre	la boisson	le poisson
le jambon	le sel	la boisson	le poivre	le poisson	le jus de fruit	la tomate	les légumes	le lait
la tomate	le poisson	le poivre	les légumes	le lait	la boisson	le sel	le jambon	le jus de fruit
le poisson	la tomate	le lait	le jus de fruit	la boisson	le jambon	les légumes	le sel	le poivre
les légumes	le jambon	le jus de fruit	le lait	le poivre	le sel	le poisson	la tomate	la boisson
la boisson	le poivre	le sel	le poisson	la tomate	les légumes	le lait	le jus de fruit	le jambon
le lait	la boisson	la tomate	le jambon	le sel	le poivre	le jus de fruit	le poisson	les légumes
le sel	le jus de fruit	le poisson	la boisson	les légumes	le lait	le jambon	le poivre	la tomate
le poivre	les légumes	le jambon	la tomate	le jus de fruit	le poisson	la boisson	le lait	le sel

47

la baguette	le café au lait	le chocolat	le sucre	la confiture	le miel	le thé	le croissant	la biscotte
le thé	le miel	le sucre	la biscotte	le croissant	le chocolat	la baguette	la confiture	le café au lait
le croissant	la biscotte	la confiture	le café au lait	la baguette	le thé	le miel	le chocolat	le sucre
le miel	le sucre	le thé	la baguette	la biscotte	la confiture	le chocolat	le café au lait	le croissant
le chocolat	la confiture	le croissant	le thé	le sucre	le café au lait	la biscotte	la baguette	le miel
le café au lait	la baguette	la biscotte	le miel	le chocolat	le croissant	le sucre	le thé	la confiture
la biscotte	le chocolat	le miel	le croissant	le café au lait	la baguette	la confiture	le sucre	le thé
la confiture	le thé	le café au lait	le chocolat	le miel	le sucre	le croissant	la biscotte	la baguette
le sucre	le croissant	la baguette	la confiture	le thé	la biscotte	le café au lait	le miel	le chocolat

48

le rôti	la tarte	la glace	la purée	la soupe	la sauce	la salade	la quiche	le camembert
la soupe	le camembert	la salade	la glace	la quiche	le rôti	la sauce	la tarte	la purée
la sauce	la quiche	la purée	la tarte	le camembert	la salade	la soupe	le rôti	la glace
la quiche	la salade	le rôti	la soupe	la tarte	la glace	le camembert	la purée	la sauce
la tarte	la purée	la soupe	la sauce	la salade	le camembert	le rôti	la glace	la quiche
le camembert	la glace	la sauce	le rôti	la purée	la quiche	la tarte	la soupe	la salade
la glace	le rôti	le camembert	la quiche	la sauce	la tarte	la purée	la salade	la soupe
la salade	la soupe	la tarte	le camembert	la glace	la purée	la quiche	la sauce	le rôti
la purée	la sauce	la quiche	la salade	le rôti	la soupe	la glace	le camembert	la tarte

49

le champignon	l'oignon	la tomate	l'asperge	la carotte	les petits pois	le haricot	le chou	la pomme de terre
les petits pois	la carotte	la pomme de terre	la tomate	le chou	le haricot	le champignon	l'asperge	l'oignon
le haricot	le chou	l'asperge	le champignon	la pomme de terre	l'oignon	la carotte	les petits pois	la tomate
la carotte	la pomme de terre	le chou	les petits pois	l'oignon	la tomate	l'asperge	le haricot	le champignon
l'asperge	la tomate	le haricot	la carotte	le champignon	la pomme de terre	le chou	l'oignon	les petits pois
l'oignon	le champignon	les petits pois	le chou	le haricot	l'asperge	la tomate	la pomme de terre	la carotte
la pomme de terre	le haricot	la carotte	l'oignon	la tomate	le chou	les petits pois	le champignon	l'asperge
le chou	l'asperge	le champignon	la pomme de terre	les petits pois	la carotte	l'oignon	la tomate	le haricot
la tomate	les petits pois	l'oignon	le haricot	l'asperge	le champignon	la pomme de terre	la carotte	le chou

50

la banane	la fraise	la prune	l'ananas	la cerise	le melon	l'orange	la pomme	la pêche
la cerise	l'ananas	l'orange	la prune	la pomme	la pêche	la banane	le melon	la fraise
la pêche	la pomme	le melon	la fraise	la banane	l'orange	l'ananas	la prune	la cerise
la pomme	la pêche	la banane	la cerise	l'orange	l'ananas	la prune	la fraise	le melon
la fraise	la prune	l'ananas	la pomme	le melon	la banane	la cerise	la pêche	l'orange
l'orange	le melon	la cerise	la pêche	la prune	la fraise	la pomme	la banane	l'ananas
le melon	la banane	la pomme	l'orange	la pêche	la cerise	la fraise	l'ananas	la prune
la prune	la cerise	la fraise	le melon	l'ananas	la pomme	la pêche	l'orange	la banane
l'ananas	l'orange	la pêche	la banane	la fraise	la prune	le melon	la cerise	la pomme

51

la bière	l'eau minérale	le jus de fruit	le vin	la limonade	le coca	la tisane	le thé	le café
la limonade	le vin	le café	le thé	le jus de fruit	la tisane	la bière	l'eau minérale	le coca
le thé	la tisane	le coca	la bière	le café	l'eau minérale	la limonade	le jus de fruit	le vin
la tisane	le coca	l'eau minérale	le café	le thé	le vin	le jus de fruit	la bière	la limonade
le jus de fruit	le café	la bière	le coca	la tisane	la limonade	l'eau minérale	le vin	le thé
le vin	la limonade	le thé	le jus de fruit	l'eau minérale	la bière	le café	le coca	la tisane
le coca	la bière	la tisane	l'eau minérale	le vin	le café	le thé	la limonade	le jus de fruit
l'eau minérale	le jus de fruit	la limonade	la tisane	le coca	le thé	le vin	le café	la bière
le café	le thé	le vin	la limonade	la bière	le jus de fruit	le coca	la tisane	l'eau minérale

52

l'apéritif	le digestif	le pâté	l'entrée	le plat	le dessert	le fromage	la boisson	la garniture
l'entrée	le dessert	le fromage	la boisson	la garniture	le pâté	l'apéritif	le plat	le digestif
la garniture	la boisson	le plat	l'apéritif	le fromage	le digestif	le dessert	le pâté	l'entrée
le fromage	le plat	l'entrée	le pâté	le digestif	la garniture	la boisson	l'apéritif	le dessert
la boisson	la garniture	l'apéritif	le fromage	le dessert	l'entrée	le pâté	le digestif	le plat
le digestif	le pâté	le dessert	le plat	l'apéritif	la boisson	l'entrée	la garniture	le fromage
le pâté	l'entrée	le digestif	le dessert	la boisson	le plat	la garniture	le fromage	l'apéritif
le dessert	le fromage	la garniture	le digestif	le pâté	l'apéritif	le plat	l'entrée	la boisson
le plat	l'apéritif	la boisson	la garniture	l'entrée	le fromage	le digestif	le dessert	le pâté

53

la tasse	l'assiette	la cuillère	le verre	la serviette	la nappe	la soucoupe	la fourchette	le couteau
la fourchette	le verre	la nappe	le couteau	l'assiette	la soucoupe	la cuillère	la serviette	la tasse
la soucoupe	le couteau	la serviette	la tasse	la fourchette	la cuillère	le verre	l'assiette	la nappe
le couteau	la nappe	l'assiette	la fourchette	la tasse	le verre	la serviette	la cuillère	la soucoupe
la serviette	la cuillère	la fourchette	la soucoupe	le couteau	l'assiette	la tasse	la nappe	le verre
le verre	la soucoupe	la tasse	la nappe	la cuillère	la serviette	l'assiette	le couteau	la fourchette
la cuillère	la fourchette	la soucoupe	l'assiette	la nappe	la tasse	le couteau	le verre	la serviette
l'assiette	la tasse	le couteau	la serviette	le verre	la fourchette	la nappe	la soucoupe	la cuillère
la nappe	la serviette	le verre	la cuillère	la soucoupe	le couteau	la fourchette	la tasse	l'assiette

54

l'avenue	la place	le carrefour	le trottoir	la rue	la poste	le quartier	la banque	le musée
la rue	le musée	le quartier	la place	la banque	l'avenue	le carrefour	la poste	le trottoir
la banque	la poste	le trottoir	le quartier	le carrefour	le musée	la rue	la place	l'avenue
le carrefour	le quartier	la banque	l'avenue	le musée	le trottoir	la poste	la rue	la place
la place	le trottoir	l'avenue	la poste	le quartier	la rue	le musée	le carrefour	la banque
le musée	la rue	la poste	le carrefour	la place	la banque	l'avenue	le trottoir	le quartier
le trottoir	le carrefour	le musée	la banque	la poste	le quartier	la place	l'avenue	la rue
le quartier	la banque	la place	la rue	l'avenue	le carrefour	le trottoir	le musée	la poste
la poste	l'avenue	la rue	le musée	le trottoir	la place	la banque	le quartier	le carrefour

55

l'église	la cathédrale	le parc	l'opéra	la tour	le pont	l'hôtel de ville	le marché	le château
le pont	la tour	le marché	le château	l'hôtel de ville	le parc	la cathédrale	l'opéra	l'église
l'hôtel de ville	le château	l'opéra	la cathédrale	l'église	le marché	le parc	la tour	le pont
la tour	le pont	l'hôtel de ville	l'église	le parc	la cathédrale	l'opéra	le château	le marché
le château	l'opéra	la cathédrale	la tour	le marché	l'hôtel de ville	l'église	le pont	le parc
le parc	le marché	l'église	le pont	l'opéra	le château	la tour	l'hôtel de ville	la cathédrale
la cathédrale	le parc	le pont	l'hôtel de ville	le château	l'opéra	le marché	l'église	la tour
le marché	l'hôtel de ville	la tour	le parc	le pont	l'église	le château	la cathédrale	l'opéra
l'opéra	l'église	le château	le marché	la cathédrale	la tour	le pont	le parc	l'hôtel de ville

56

l'agent de police	le crime	la description	le témoin	le voleur	la victime	la déclaration	la violence	la dispute
la violence	le témoin	la victime	la dispute	la déclaration	l'agent de police	la description	le crime	le voleur
le voleur	la déclaration	la dispute	le crime	la violence	la description	le témoin	la victime	l'agent de police
le crime	la dispute	la déclaration	la violence	la victime	le témoin	le voleur	l'agent de police	la description
la victime	la description	l'agent de police	le voleur	le crime	la dispute	la violence	le témoin	la déclaration
le témoin	la violence	le voleur	l'agent de police	la description	la déclaration	la victime	la dispute	le crime
la déclaration	la victime	la violence	la description	l'agent de police	le crime	la dispute	le voleur	le témoin
la dispute	le voleur	le crime	la déclaration	le témoin	la violence	l'agent de police	la description	la victime
la description	l'agent de police	le témoin	la victime	la dispute	le voleur	le crime	la déclaration	la violence

57

le train	le métro	la voiture	l'avion	le bateau	le camion	la moto	le vélo	le bus
le camion	la moto	l'avion	le métro	le bus	le vélo	le train	le bateau	la voiture
le bus	le vélo	le bateau	la moto	la voiture	le train	le camion	le métro	l'avion
le vélo	le bus	le métro	le camion	la moto	le bateau	la voiture	l'avion	le train
la voiture	le bateau	la moto	le vélo	le train	l'avion	le bus	le camion	le métro
l'avion	le camion	le train	la voiture	le métro	le bus	le vélo	la moto	le bateau
la moto	la voiture	le vélo	le bus	l'avion	le métro	le bateau	le train	le camion
le métro	le train	le camion	le bateau	le vélo	la voiture	l'avion	le bus	la moto
le bateau	l'avion	le bus	le train	le camion	la moto	le métro	la voiture	le vélo

58

le billet	le guichet	la voie	le quai	le contrôleur	le voyageur	le train	l'arrivée	le départ
le départ	le voyageur	le contrôleur	le billet	l'arrivée	le train	le guichet	le quai	la voie
le quai	le train	l'arrivée	le guichet	le départ	la voie	le contrôleur	le voyageur	le billet
le voyageur	la voie	le guichet	l'arrivée	le train	le quai	le billet	le départ	le contrôleur
l'arrivée	le contrôleur	le départ	le voyageur	la voie	le billet	le quai	le train	le guichet
le train	le quai	le billet	le contrôleur	le guichet	le départ	l'arrivée	la voie	le voyageur
le guichet	l'arrivée	le quai	le départ	le voyageur	le contrôleur	la voie	le billet	le train
la voie	le billet	le voyageur	le train	le quai	le guichet	le départ	le contrôleur	l'arrivée
le contrôleur	le départ	le train	la voie	le billet	l'arrivée	le voyageur	le guichet	le quai

59

le passager	la destination	le pilote	le départ	l'avion	le billet d'avion	l'arrivée	le vol	les bagages
l'avion	l'arrivée	le billet d'avion	les bagages	la destination	le vol	le pilote	le départ	le passager
le vol	le départ	les bagages	l'arrivée	le passager	le pilote	l'avion	la destination	le billet d'avion
le départ	le billet d'avion	l'arrivée	le passager	les bagages	la destination	le vol	le pilote	l'avion
les bagages	le pilote	le vol	l'avion	le billet d'avion	l'arrivée	la destination	le passager	le départ
la destination	l'avion	le passager	le pilote	le vol	le départ	le billet d'avion	les bagages	l'arrivée
le billet d'avion	le passager	la destination	le vol	le départ	l'avion	les bagages	l'arrivée	le pilote
l'arrivée	les bagages	l'avion	la destination	le pilote	le passager	le départ	le billet d'avion	le vol
le pilote	le vol	le départ	le billet d'avion	l'arrivée	les bagages	le passager	l'avion	la destination

60

la valise	le séjour	le guide	l'hôtel	le chalet	la tente	le touriste	la détente	le voyage
le touriste	le chalet	l'hôtel	la valise	la détente	le voyage	le séjour	la tente	le guide
la tente	le voyage	la détente	le guide	le séjour	le touriste	l'hôtel	la valise	le chalet
le chalet	le touriste	la tente	le voyage	la valise	le guide	la détente	le séjour	l'hôtel
le séjour	la détente	le voyage	le chalet	le touriste	l'hôtel	la valise	le guide	la tente
l'hôtel	le guide	la valise	la détente	la tente	le séjour	le chalet	le voyage	le touriste
le voyage	l'hôtel	le touriste	le séjour	le guide	la valise	la tente	le chalet	la détente
la détente	la tente	le séjour	le touriste	le voyage	le chalet	le guide	l'hôtel	la valise
le guide	la valise	le chalet	la tente	l'hôtel	la détente	le voyage	le touriste	le séjour

61

la clé	le balcon	le grand lit	la douche	la réservation	le hall	la chambre simple	la réception	la chambre double
le hall	la réservation	la réception	la chambre simple	le grand lit	la chambre double	le balcon	la clé	la douche
la chambre simple	la chambre double	la douche	la réception	le balcon	la clé	le hall	la réservation	le grand lit
la chambre double	la chambre simple	la clé	la réservation	le hall	la réception	la douche	le grand lit	le balcon
le balcon	le grand lit	la réservation	la clé	la chambre double	la douche	la réception	le hall	la chambre simple
la réception	la douche	le hall	le balcon	la chambre simple	le grand lit	la réservation	la chambre double	la clé
la douche	la clé	la chambre double	le hall	la réception	la chambre simple	le grand lit	le balcon	la reservation
le grand lit	le hall	le balcon	la chambre double	la douche	la reservation	la clé	la chambre simple	la réception
la réservation	la réception	la chambre simple	le grand lit	la clé	le balcon	la chambre double	la douche	le hall

62

la vague	la pelle	le parasol	la serviette	le coquillage	la mer	le sable	le seau	le maillot de bain
le sable	la mer	la serviette	le maillot de bain	le seau	le parasol	la vague	le coquillage	la pelle
le seau	le maillot de bain	le coquillage	la pelle	la vague	le sable	la mer	le parasol	la serviette
la mer	la serviette	le sable	la vague	le maillot de bain	le coquillage	le parasol	la pelle	le seau
le parasol	le coquillage	le seau	le sable	la serviette	la pelle	le maillot de bain	la vague	la mer
la pelle	la vague	le maillot de bain	la mer	le parasol	le seau	la serviette	le sable	le coquillage
le maillot de bain	le parasol	la mer	le seau	la pelle	la vague	le coquillage	la serviette	le sable
le coquillage	le sable	la pelle	le parasol	la mer	la serviette	le seau	le maillot de bain	la vague
la serviette	le seau	la vague	le coquillage	le sable	le maillot de bain	la pelle	la mer	le parasol

63

l'ours	le cheval	le mouton	le singe	le chien	le lion	la souris	le loup	le chat
le chien	le lion	le singe	le chat	le loup	la souris	le mouton	le cheval	l'ours
le loup	le chat	la souris	le cheval	le mouton	l'ours	le lion	le singe	le chien
le lion	le chien	le chat	le loup	l'ours	le cheval	le singe	le mouton	la souris
la souris	le mouton	le cheval	le chien	le singe	le chat	le loup	l'ours	le lion
le singe	le loup	l'ours	la souris	le lion	le mouton	le chat	le chien	le cheval
le cheval	l'ours	le lion	le mouton	la souris	le singe	le chien	le chat	le loup
le chat	le singe	le chien	le lion	le cheval	le loup	l'ours	la souris	le mouton
le mouton	la souris	le loup	l'ours	le chat	le chien	le cheval	le lion	le singe

64

la région	le monde	le continent	le pays	le sud	la frontière	le nord	l'ouest	l'est
l'est	l'ouest	le pays	le monde	la région	le nord	le sud	le continent	la frontière
le nord	le sud	la frontière	l'est	l'ouest	le continent	le monde	le pays	la région
la frontière	la région	le nord	le sud	le continent	l'est	l'ouest	le monde	le pays
l'ouest	l'est	le sud	le nord	le pays	le monde	la région	la frontière	le continent
le pays	le continent	le monde	l'ouest	la frontière	la région	l'est	le sud	le nord
le continent	le nord	l'ouest	la frontière	l'est	le sud	le pays	la région	le monde
le sud	la frontière	l'est	la région	le monde	le pays	le continent	le nord	l'ouest
le monde	le pays	la région	le continent	le nord	l'ouest	la frontière	l'est	le sud

65

le paysage	l'océan	le fleuve	la nature	la forêt	la rivière	la montagne	le lac	la vallée
la rivière	la vallée	la montagne	l'océan	le lac	le paysage	la nature	la forêt	le fleuve
le lac	la nature	la forêt	le fleuve	la montagne	la vallée	l'océan	la rivière	le paysage
l'océan	la montagne	le lac	la forêt	la rivière	le fleuve	la vallée	le paysage	la nature
la nature	la rivière	le paysage	le lac	la vallée	la montagne	le fleuve	l'océan	la forêt
la forêt	le fleuve	la vallée	le paysage	la nature	l'océan	la rivière	la montagne	le lac
le fleuve	la forêt	l'océan	la rivière	le paysage	la nature	le lac	la vallée	la montagne
la montagne	le lac	la nature	la vallée	l'océan	la forêt	le paysage	le fleuve	la rivière
la vallée	le paysage	la rivière	la montagne	le fleuve	le lac	la forêt	la nature	l'océan

66

le bœuf	la vache	le paysan	la ferme	la poule	le champ	le tracteur	le cochon	la terre
le tracteur	la poule	le cochon	le paysan	le bœuf	la terre	le champ	la vache	la ferme
la terre	la ferme	le champ	le tracteur	le cochon	la vache	le paysan	le bœuf	la poule
le paysan	le cochon	le tracteur	la vache	le champ	la ferme	la terre	la poule	le bœuf
le champ	le bœuf	la vache	la terre	le paysan	la poule	le cochon	la ferme	le tracteur
la ferme	la terre	la poule	le cochon	le tracteur	le bœuf	la vache	le paysan	le champ
la poule	le paysan	la terre	le champ	la ferme	le cochon	le bœuf	le tracteur	la vache
la vache	le tracteur	la ferme	le bœuf	la terre	le paysan	la poule	le champ	le cochon
le cochon	le champ	le bœuf	la poule	la vache	le tracteur	la ferme	la terre	le paysan

67

le froid	la neige	le vent	la tempête	la chaleur	la pluie	l'orage	le soleil	la météo
la chaleur	l'orage	la pluie	la neige	la météo	le soleil	le froid	le vent	la tempête
la météo	la tempête	le soleil	le vent	l'orage	le froid	la neige	la chaleur	la pluie
la neige	le soleil	la tempête	la chaleur	le vent	l'orage	la pluie	la météo	le froid
le vent	la pluie	le froid	la météo	le soleil	la tempête	la chaleur	la neige	l'orage
l'orage	la météo	la chaleur	la pluie	le froid	la neige	le vent	la tempête	le soleil
la pluie	le froid	la neige	le soleil	la tempête	le vent	la météo	l'orage	la chaleur
le soleil	la chaleur	l'orage	le froid	la neige	la météo	la tempête	la pluie	le vent
la tempête	le vent	la météo	l'orage	la pluie	la chaleur	le soleil	le froid	la neige

68

le mois	l'automne	le printemps	le temps	l'hiver	l'an	le jour	l'année	l'été
le temps	l'année	l'hiver	le jour	l'automne	l'été	le mois	l'an	le printemps
l'été	l'an	le jour	le printemps	l'année	le mois	l'automne	le temps	l'hiver
l'année	le printemps	l'automne	l'an	l'été	l'hiver	le temps	le jour	le mois
l'hiver	le jour	le temps	l'automne	le mois	le printemps	l'an	l'été	l'année
l'an	le mois	l'été	l'année	le jour	le temps	le printemps	l'hiver	l'automne
le jour	le temps	l'année	l'hiver	le printemps	l'automne	l'été	le mois	l'an
le printemps	l'été	l'an	le mois	le temps	l'année	l'hiver	l'automne	le jour
l'automne	l'hiver	le mois	l'été	l'an	le jour	l'année	le printemps	le temps

69

le soleil	le satellite	l'étoile	la terre	le ciel	le globe	la lune	la comète	la planète
la planète	le ciel	la terre	la comète	le satellite	la lune	le soleil	l'étoile	le globe
la lune	la comète	le globe	la planète	le soleil	l'étoile	le satellite	le ciel	la terre
le satellite	la planète	la comète	l'étoile	le globe	la terre	le ciel	la lune	le soleil
la terre	le soleil	la lune	le ciel	la comète	le satellite	la planète	le globe	l'étoile
l'étoile	le globe	le ciel	le soleil	la lune	la planète	la terre	le satellite	la comète
le ciel	l'étoile	le soleil	le satellite	la planète	la comète	le globe	la terre	la lune
le globe	la terre	la planète	la lune	l'étoile	le ciel	la comète	le soleil	le satellite
la comète	la lune	le satellite	le globe	la terre	le soleil	l'étoile	la planète	le ciel

70

le cahier	le professeur	l'élève	le tableau	le crayon	la gomme	le livre	le stylo	la feuille
la gomme	le livre	le tableau	le professeur	la feuille	le stylo	le cahier	le crayon	l'élève
la feuille	le stylo	le crayon	le livre	l'élève	le cahier	la gomme	le professeur	le tableau
le stylo	la feuille	le professeur	la gomme	le livre	le crayon	l'élève	le tableau	le cahier
l'élève	le crayon	le livre	le stylo	le cahier	le tableau	la feuille	la gomme	le professeur
le tableau	la gomme	le cahier	l'élève	le professeur	la feuille	le stylo	le livre	le crayon
le livre	l'élève	le stylo	la feuille	le tableau	le professeur	le crayon	le cahier	la gomme
le professeur	le cahier	la gomme	le crayon	le stylo	l'élève	le tableau	la feuille	le livre
le crayon	le tableau	la feuille	le cahier	la gomme	le livre	le professeur	l'élève	le stylo

71

la réponse	la faute	la leçon	le vocabulaire	les devoirs	la traduction	la question	la dictée	la grammaire
le vocabulaire	la question	la grammaire	la dictée	la faute	la réponse	les devoirs	la leçon	la traduction
la traduction	les devoirs	la dictée	la question	la leçon	la grammaire	le vocabulaire	la réponse	la faute
la leçon	la grammaire	les devoirs	la faute	la traduction	le vocabulaire	la réponse	la question	la dictée
la faute	le vocabulaire	la question	la réponse	la dictée	la leçon	la grammaire	la traduction	les devoirs
la dictée	la réponse	la traduction	la grammaire	la question	les devoirs	la faute	le vocabulaire	la leçon
les devoirs	la traduction	la faute	la leçon	la réponse	la question	la dictée	la grammaire	le vocabulaire
la grammaire	la dictée	la réponse	la traduction	le vocabulaire	la faute	la leçon	les devoirs	la question
la question	la leçon	le vocabulaire	les devoirs	la grammaire	la dictée	la traduction	la faute	la réponse

72

aimable	gentil	honnête	agréable	sensible	calme	triste	sympathique	charmant
agréable	sympathique	sensible	triste	charmant	gentil	calme	aimable	honnête
triste	calme	charmant	sympathique	aimable	honnête	sensible	gentil	agréable
sympathique	triste	agréable	aimable	gentil	sensible	charmant	honnête	calme
gentil	charmant	calme	honnête	sympathique	agréable	aimable	sensible	triste
honnête	sensible	aimable	charmant	calme	triste	sympathique	agréable	gentil
sensible	aimable	gentil	calme	honnête	charmant	agréable	triste	sympathique
charmant	agréable	sympathique	gentil	triste	aimable	honnête	calme	sensible
calme	honnête	triste	sensible	agréable	sympathique	gentil	charmant	aimable

73

aimer	tolérer	détester	supporter	s'intéresser	préférer	adorer	envier	admirer
s'intéresser	supporter	envier	détester	admirer	adorer	tolérer	aimer	préférer
adorer	admirer	préférer	tolérer	aimer	envier	s'intéresser	supporter	détester
envier	préférer	s'intéresser	adorer	détester	tolérer	supporter	admirer	aimer
admirer	adorer	aimer	s'intéresser	envier	supporter	préférer	détester	tolérer
tolérer	détester	supporter	admirer	préférer	aimer	envier	s'intéresser	adorer
détester	s'intéresser	tolérer	préférer	supporter	admirer	aimer	adorer	envier
supporter	envier	adorer	aimer	tolérer	détester	admirer	préférer	s'intéresser
préférer	aimer	admirer	envier	adorer	s'intéresser	détester	tolérer	supporter

74

corpulent	beau	maigre	fort	mince	grand	joli	petit	laid
grand	mince	joli	petit	laid	maigre	fort	corpulent	beau
laid	petit	fort	beau	corpulent	joli	mince	grand	maigre
petit	fort	beau	mince	joli	laid	grand	maigre	corpulent
maigre	joli	corpulent	grand	fort	petit	laid	beau	mince
mince	grand	laid	corpulent	maigre	beau	petit	joli	fort
fort	corpulent	petit	joli	beau	mince	maigre	laid	grand
beau	maigre	grand	laid	petit	fort	corpulent	mince	joli
joli	laid	mince	maigre	grand	corpulent	beau	fort	petit

75

la jupe	le tailleur	le manteau	la robe	le bas	le chemisier	le costume	la chemise	le pantalon
le pantalon	la robe	le chemisier	la jupe	la chemise	le costume	le bas	le tailleur	le manteau
la chemise	le costume	le bas	le tailleur	le pantalon	le manteau	la jupe	la robe	le chemisier
le bas	le chemisier	le pantalon	la chemise	le tailleur	la robe	le manteau	la jupe	le costume
la robe	le manteau	la chemise	le pantalon	le costume	la jupe	le chemisier	le bas	le tailleur
le costume	la jupe	le tailleur	le manteau	le chemisier	le bas	la robe	le pantalon	la chemise
le tailleur	le bas	la jupe	le costume	le manteau	la chemise	le pantalon	le chemisier	la robe
le manteau	la chemise	la robe	le chemisier	la jupe	le pantalon	le tailleur	le costume	le bas
le chemisier	le pantalon	le costume	le bas	la robe	le tailleur	la chemise	le manteau	la jupe

76

la botte	le blouson	le pyjama	le pull	la veste	la chaussure	le bonnet	le jean	le chapeau
le pull	la chaussure	le chapeau	le jean	le bonnet	la botte	le pyjama	la veste	le blouson
le jean	le bonnet	la veste	le blouson	le chapeau	le pyjama	la botte	la chaussure	le pull
le chapeau	la botte	la chaussure	le pyjama	le pull	la veste	le blouson	le bonnet	le jean
le blouson	la veste	le jean	le chapeau	la botte	le bonnet	le pull	le pyjama	la chaussure
le bonnet	le pyjama	le pull	la chaussure	le blouson	le jean	la veste	le chapeau	la botte
la chaussure	le jean	la botte	le bonnet	le pyjama	le blouson	le chapeau	le pull	la veste
le pyjama	le pull	le blouson	la veste	le jean	le chapeau	la chaussure	la botte	le bonnet
la veste	le chapeau	le bonnet	la botte	la chaussure	le pull	le jean	le blouson	le pyjama

77

l’épaule	le cou	le dos	la tête	la jambe	la main	la bouche	le nez	le genou
le nez	la main	le genou	la bouche	l’épaule	le dos	le cou	la tête	la jambe
la jambe	la bouche	la tête	le genou	le cou	le nez	le dos	la main	l’épaule
la tête	le genou	la main	le nez	le dos	le cou	l’épaule	la jambe	la bouche
le dos	le nez	la jambe	l’épaule	le genou	la bouche	la tête	le cou	la main
la bouche	l’épaule	le cou	la jambe	la main	la tête	le genou	le dos	le nez
le genou	la jambe	le nez	le dos	la tête	l’épaule	la main	la bouche	le cou
la main	la tête	l’épaule	le cou	la bouche	la jambe	le nez	le genou	le dos
le cou	le dos	la bouche	la main	le nez	le genou	la jambe	l’épaule	la tête

78

le pied	l’oreille	le bras	la poitrine	le ventre	la joue	la peau	le doigt	le front
la peau	le ventre	la joue	le pied	le front	le doigt	le bras	la poitrine	l’oreille
la poitrine	le front	le doigt	le bras	l’oreille	la peau	la joue	le pied	le ventre
le ventre	la peau	le front	la joue	le bras	la poitrine	le pied	l’oreille	le doigt
la joue	la poitrine	le pied	le front	le doigt	l’oreille	le ventre	la peau	le bras
le doigt	le bras	l’oreille	le ventre	la peau	le pied	le front	la joue	la poitrine
le bras	la joue	la poitrine	le doigt	le pied	le front	l’oreille	le ventre	la peau
le front	le pied	la peau	l’oreille	la poitrine	le ventre	le doigt	le bras	la joue
l’oreille	le doigt	le ventre	la peau	la joue	le bras	la poitrine	le front	le pied

79

la grippe	la température	l’ordonnance	la toux	le rhume	la santé	le médicament	la fièvre	le docteur
la santé	le médicament	la toux	la fièvre	le docteur	la température	l’ordonnance	le rhume	la grippe
la fièvre	le rhume	le docteur	l’ordonnance	le médicament	la grippe	la santé	la température	la toux
la température	la santé	la grippe	le rhume	l’ordonnance	la fièvre	la toux	le docteur	le médicament
le rhume	la toux	le médicament	la température	la grippe	le docteur	la fièvre	l’ordonnance	la santé
le docteur	l’ordonnance	la fièvre	le médicament	la santé	la toux	la température	la grippe	le rhume
le médicament	le docteur	la santé	la grippe	la température	l’ordonnance	le rhume	la toux	la fièvre
l’ordonnance	la fièvre	le rhume	le docteur	la toux	le médicament	la grippe	la santé	la température
la toux	la grippe	la température	la santé	la fièvre	le rhume	le docteur	le médicament	l’ordonnance

80

le médecin	la secrétaire	le journaliste	le boulanger	le coiffeur	le professeur	le musicien	le couturier	le dentiste
le couturier	le professeur	le coiffeur	le journaliste	le dentiste	le musicien	le médecin	la secrétaire	le boulanger
le boulanger	le dentiste	le musicien	le couturier	la secrétaire	le médecin	le coiffeur	le journaliste	le professeur
le coiffeur	le médecin	le professeur	la secrétaire	le journaliste	le dentiste	le couturier	le boulanger	le musicien
le dentiste	le couturier	le boulanger	le musicien	le professeur	le coiffeur	le journaliste	le médecin	la secrétaire
le journaliste	le musicien	la secrétaire	le médecin	le boulanger	le couturier	le professeur	le dentiste	le coiffeur
le professeur	le journaliste	le couturier	le dentiste	le musicien	le boulanger	la secrétaire	le coiffeur	le médecin
le musicien	le boulanger	le médecin	le coiffeur	le couturier	la secrétaire	le dentiste	le professeur	le journaliste
la secrétaire	le coiffeur	le dentiste	le professeur	le médecin	le journaliste	le boulanger	le musicien	le couturier

81

le directeur	le produit	le chômage	le poste	l'employé	le collègue	la direction	le personnel	le contact
la direction	le collègue	l'employé	le directeur	le contact	le personnel	le chômage	le produit	le poste
le poste	le personnel	le contact	le produit	la direction	le chômage	le directeur	l'employé	le collègue
le personnel	le poste	le directeur	l'employé	le produit	la direction	le collègue	le contact	le chômage
le collègue	le chômage	le produit	le contact	le personnel	le poste	l'employé	le directeur	la direction
le contact	l'employé	la direction	le collègue	le chômage	le directeur	le produit	le poste	le personnel
l'employé	la direction	le personnel	le chômage	le directeur	le contact	le poste	le collègue	le produit
le produit	le contact	le poste	la direction	le collègue	l'employé	le personnel	le chômage	le directeur
le chômage	le directeur	le collègue	le personnel	le poste	le produit	le contact	la direction	l'employé

82

l'acheteur	la vente	l'achat	le vendeur	la marque	le client	le magasin	le marché	le prix
le marché	le vendeur	le client	le prix	l'acheteur	le magasin	la marque	l'achat	la vente
la marque	le prix	le magasin	l'achat	la vente	le marché	le vendeur	l'acheteur	le client
le vendeur	l'achat	la vente	la marque	le magasin	le prix	le marché	le client	l'acheteur
le magasin	le client	le marché	l'acheteur	le vendeur	l'achat	le prix	la vente	la marque
le prix	la marque	l'acheteur	le marché	le client	la vente	l'achat	le vendeur	le magasin
le client	le marché	le prix	le magasin	l'achat	l'acheteur	la vente	la marque	le vendeur
la vente	le magasin	la marque	le client	le marché	le vendeur	l'acheteur	le prix	l'achat
l'achat	l'acheteur	le vendeur	la vente	le prix	la marque	le client	le magasin	le marché

83

la clé	le balcon	l'escalier	le garage	les meubles	la terrasse	la porte	l'ascenseur	l'étage
la terrasse	les meubles	la porte	l'ascenseur	l'étage	l'escalier	le garage	la clé	le balcon
l'étage	l'ascenseur	le garage	le balcon	la clé	la porte	les meubles	la terrasse	l'escalier
l'ascenseur	le garage	le balcon	les meubles	la porte	l'étage	la terrasse	l'escalier	la clé
l'escalier	la porte	la clé	la terrasse	le garage	l'ascenseur	l'étage	le balcon	les meubles
les meubles	la terrasse	l'étage	la clé	l'escalier	le balcon	l'ascenseur	la porte	le garage
le garage	la clé	l'ascenseur	la porte	le balcon	les meubles	l'escalier	l'étage	la terrasse
le balcon	l'escalier	la terrasse	l'étage	l'ascenseur	le garage	la clé	les meubles	la porte
la porte	l'étage	les meubles	l'escalier	la terrasse	la clé	le balcon	le garage	l'ascenseur

84

le nettoyage	le lave-vaisselle	le lavage	la vaisselle	le lave-linge	le balai	le seau	l'aspirateur	la poubelle
le seau	le balai	la vaisselle	la poubelle	l'aspirateur	le lavage	le nettoyage	le lave-linge	le lave-vaisselle
l'aspirateur	la poubelle	le lave-linge	le lave-vaisselle	le nettoyage	le seau	le balai	le lavage	la vaisselle
le balai	la vaisselle	le seau	le nettoyage	la poubelle	le lave-linge	le lavage	le lave-vaisselle	l'aspirateur
le lavage	le lave-linge	l'aspirateur	le seau	la vaisselle	le lave-vaisselle	la poubelle	le nettoyage	le balai
le lave-vaisselle	le nettoyage	la poubelle	le balai	le lavage	l'aspirateur	la vaisselle	le seau	le lave-linge
la poubelle	le lavage	le balai	l'aspirateur	le lave-vaisselle	le nettoyage	le lave-linge	la vaisselle	le seau
le lave-linge	le seau	le lave-vaisselle	le lavage	le balai	la vaisselle	l'aspirateur	la poubelle	le nettoyage
la vaisselle	l'aspirateur	le nettoyage	le lave-linge	le seau	la poubelle	le lave-vaisselle	le balai	le lavage

85

la salle à manger	le bureau	la cave	la salle de bains	le cagibi	les toilettes	la chambre	le salon	la cuisine
les toilettes	le salon	la salle de bains	le bureau	la cuisine	la chambre	la salle à manger	le cagibi	la cave
la cuisine	le cagibi	la chambre	le salon	la salle à manger	la cave	le bureau	les toilettes	la salle de bains
le cagibi	la salle à manger	la cuisine	la chambre	les toilettes	le salon	la cave	la salle de bains	le bureau
le salon	la cave	le bureau	la cuisine	la salle de bains	le cagibi	les toilettes	la chambre	la salle à manger
la salle de bains	la chambre	les toilettes	la salle à manger	la cave	le bureau	le cagibi	la cuisine	le salon
le bureau	la salle de bains	la salle à manger	le cagibi	la chambre	la cuisine	le salon	la cave	les toilettes
la chambre	les toilettes	le salon	la cave	le bureau	la salle de bains	la cuisine	la salle à manger	le cagibi
la cave	la cuisine	le cagibi	les toilettes	le salon	la salle à manger	la salle de bains	le bureau	la chambre

86

la poêle	le four	l'évier	la vaisselle	la casserole	le frigo	la cafetière	la cuisinière	la râpe
la cuisinière	la casserole	la râpe	l'évier	le four	la cafetière	la poêle	le frigo	la vaisselle
la cafetière	la vaisselle	le frigo	la poêle	la cuisinière	la râpe	l'évier	la casserole	le four
le four	la poêle	la vaisselle	la cuisinière	la râpe	la casserole	le frigo	l'évier	la cafetière
le frigo	la cuisinière	la cafetière	le four	l'évier	la poêle	la râpe	la vaisselle	la casserole
la râpe	l'évier	la casserole	le frigo	la cafetière	la vaisselle	le four	la poêle	la cuisinière
la vaisselle	le frigo	la cuisinière	la cafetière	la poêle	le four	la casserole	la râpe	l'évier
l'évier	la râpe	le four	la casserole	le frigo	la cuisinière	la vaisselle	la cafetière	la poêle
la casserole	la cafetière	la poêle	la râpe	la vaisselle	l'évier	la cuisinière	le four	le frigo

87

le tapis	la bibliothèque	la commode	le canapé	l’étagère	le rideau	le fauteuil	la table	la chaise
l’étagère	la table	le canapé	le fauteuil	la commode	la chaise	la bibliothèque	le rideau	le tapis
le rideau	le fauteuil	la chaise	la table	la bibliothèque	le tapis	la commode	le canapé	l’étagère
la commode	le rideau	le tapis	l’étagère	la chaise	le canapé	la table	le fauteuil	la bibliothèque
le fauteuil	l’étagère	la bibliothèque	le rideau	le tapis	la table	la chaise	la commode	le canapé
la chaise	le canapé	la table	la bibliothèque	le fauteuil	la commode	l’étagère	le tapis	le rideau
la bibliothèque	le tapis	le fauteuil	la commode	le rideau	l’étagère	le canapé	la chaise	la table
le canapé	la chaise	l’étagère	le tapis	la table	le fauteuil	le rideau	la bibliothèque	la commode
la table	la commode	le rideau	la chaise	le canapé	la bibliothèque	le tapis	l’étagère	le fauteuil

88

la brosse à dents	la douche	le lavabo	la serviette	le miroir	la baignoire	le dentifrice	le savon	le peigne
le peigne	le miroir	le dentifrice	la douche	le savon	le lavabo	la baignoire	la brosse à dents	la serviette
la baignoire	le savon	la serviette	le peigne	la brosse à dents	le dentifrice	le miroir	la douche	le lavabo
le dentifrice	la serviette	la brosse à dents	le savon	le lavabo	la douche	le peigne	le miroir	la baignoire
le miroir	le peigne	la douche	le dentifrice	la baignoire	la serviette	le savon	le lavabo	la brosse à dents
le lavabo	la baignoire	le savon	le miroir	le peigne	la brosse à dents	la serviette	le dentifrice	la douche
la serviette	le dentifrice	le miroir	la brosse à dents	la douche	le peigne	le lavabo	la baignoire	le savon
le savon	la brosse à dents	la baignoire	le lavabo	la serviette	le miroir	la douche	le peigne	le dentifrice
la douche	le lavabo	le peigne	la baignoire	le dentifrice	le savon	la brosse à dents	la serviette	le miroir

89

la fleur	l’insecte	la feuille	l’arbuste	l’oiseau	la plante	l’arbre	l’escargot	le jardinage
le jardinage	l’oiseau	l’arbuste	l’escargot	l’arbre	la fleur	l’insecte	la plante	la feuille
la plante	l’arbre	l’escargot	le jardinage	la feuille	l’insecte	l’arbuste	l’oiseau	la fleur
l’oiseau	la feuille	l’insecte	l’arbre	la plante	l’escargot	la fleur	le jardinage	l’arbuste
l’escargot	l’arbuste	le jardinage	la feuille	la fleur	l’oiseau	la plante	l’arbre	l’insecte
l’arbre	la plante	la fleur	l’insecte	le jardinage	l’arbuste	l’escargot	la feuille	l’oiseau
la feuille	la fleur	l’oiseau	la plante	l’insecte	l’arbre	le jardinage	l’arbuste	l’escargot
l’arbuste	le jardinage	l’arbre	la fleur	l’escargot	la feuille	l’oiseau	l’insecte	la plante
l’insecte	l’escargot	la plante	l’oiseau	l’arbuste	le jardinage	la feuille	la fleur	l’arbre

90

peindre	jouer	dessiner	chanter	lire	danser	coudre	bricoler	filmer
chanter	danser	bricoler	filmer	dessiner	coudre	lire	jouer	peindre
filmer	coudre	lire	jouer	peindre	bricoler	chanter	dessiner	danser
lire	dessiner	filmer	bricoler	danser	peindre	jouer	chanter	coudre
jouer	peindre	chanter	lire	coudre	filmer	bricoler	danser	dessiner
danser	bricoler	coudre	dessiner	chanter	jouer	filmer	peindre	lire
dessiner	chanter	jouer	peindre	filmer	lire	danser	coudre	bricoler
bricoler	filmer	danser	coudre	jouer	dessiner	peindre	lire	chanter
coudre	lire	peindre	danser	bricoler	chanter	dessiner	filmer	jouer

91

le cyclisme	le record	l’équipe	le match	la natation	le golf	la compétition	le foot	le surf
le golf	le surf	le foot	la compétition	l’équipe	le record	le match	la natation	le cyclisme
le match	la natation	la compétition	le foot	le cyclisme	le surf	l’équipe	le golf	le record
le surf	le cyclisme	le match	l’équipe	le foot	la natation	le golf	le record	la compétition
le foot	la compétition	le record	le surf	le golf	le match	la natation	le cyclisme	l’équipe
l’équipe	le golf	la natation	le record	la compétition	le cyclisme	le foot	le surf	le match
le record	le foot	le cyclisme	le golf	le match	l’équipe	le surf	la compétition	la natation
la natation	le match	le golf	le cyclisme	le surf	la compétition	le record	l’équipe	le foot
la compétition	l’équipe	le surf	la natation	le record	le foot	le cyclisme	le match	le golf

92

la naissance	le cadeau	l’anniversaire	la surprise	l’invité	la visite	la fête	le mariage	l’hôte
l’invité	la fête	la visite	le mariage	l’hôte	le cadeau	la surprise	l’anniversaire	la naissance
le mariage	la surprise	l’hôte	la naissance	l’anniversaire	la fête	l’invité	la visite	le cadeau
la surprise	la naissance	le mariage	l’invité	la fête	l’hôte	la visite	le cadeau	l’anniversaire
la fête	l’anniversaire	le cadeau	la visite	la surprise	le mariage	l’hôte	la naissance	l’invité
la visite	l’hôte	l’invité	l’anniversaire	le cadeau	la naissance	le mariage	la fête	la surprise
le cadeau	la visite	la naissance	l’hôte	le mariage	la surprise	l’anniversaire	l’invité	la fête
l’hôte	l’invité	la fête	le cadeau	la visite	l’anniversaire	la naissance	la surprise	le mariage
l’anniversaire	le mariage	la surprise	la fête	la naissance	l’invité	le cadeau	l’hôte	la visite

93

la musique	la discothèque	le théâtre	l’opéra	le film	la vidéo	le festival	le concert	la télé
la télé	l’opéra	la vidéo	le festival	la musique	le concert	la discothèque	le film	le théâtre
le film	le festival	le concert	le théâtre	la discothèque	la télé	la vidéo	l’opéra	la musique
le concert	la vidéo	la télé	la musique	l’opéra	le théâtre	le film	le festival	la discothèque
le festival	le film	la musique	la télé	la vidéo	la discothèque	le concert	le théâtre	l’opéra
l’opéra	le théâtre	la discothèque	le film	le concert	le festival	la musique	la télé	la vidéo
le théâtre	la musique	l’opéra	la discothèque	le festival	le film	la télé	la vidéo	le concert
la vidéo	la télé	le festival	le concert	le théâtre	la musique	l’opéra	la discothèque	le film
la discothèque	le concert	le film	la vidéo	la télé	l’opéra	le théâtre	la musique	le festival

94

la télévision	l’émission	la presse	Internet	le quotidien	la radio	le cinéma	l’information	le journal
la radio	le quotidien	le journal	la presse	l’information	le cinéma	la télévision	Internet	l’émission
le cinéma	l’information	Internet	la télévision	le journal	l’émission	le quotidien	la radio	la presse
l’émission	la télévision	la radio	l’information	le cinéma	Internet	la presse	le journal	le quotidien
le quotidien	le journal	l’information	la radio	l’émission	la presse	Internet	le cinéma	la télévision
Internet	la presse	le cinéma	le quotidien	la télévision	le journal	l’information	l’émission	la radio
le journal	le cinéma	le quotidien	l’émission	la presse	l’information	la radio	la télévision	Internet
l’information	Internet	la télévision	le journal	la radio	le quotidien	l’émission	la presse	le cinéma
la presse	la radio	l’émission	le cinéma	Internet	la télévision	le journal	le quotidien	l’information

95

le cédérom	le scanner	l’imprimante	la souris	la clé USB	le clavier	le document	l’écran	le fichier
la souris	le clavier	le document	l’écran	le fichier	l’imprimante	le cédérom	la clé USB	le scanner
le fichier	l’écran	la clé USB	le cédérom	le document	le scanner	le clavier	l’imprimante	la souris
le document	la clé USB	la souris	l’imprimante	le scanner	le fichier	l’écran	le cédérom	le clavier
l’écran	le fichier	le cédérom	le document	le clavier	la souris	l’imprimante	le scanner	la clé USB
le scanner	l’imprimante	le clavier	la clé USB	le cédérom	l’écran	la souris	le fichier	le document
l’imprimante	la souris	le scanner	le clavier	l’écran	la clé USB	le fichier	le document	le cédérom
le clavier	le document	le fichier	le scanner	l’imprimante	le cédérom	la clé USB	la souris	l’écran
la clé USB	le cédérom	l’écran	le fichier	la souris	le document	le scanner	le clavier	l’imprimante

96

le jour	samedi	vendredi	jeudi	le week-end	mercredi	dimanche	lundi	mardi
mercredi	le week-end	lundi	mardi	dimanche	vendredi	samedi	jeudi	le jour
dimanche	mardi	jeudi	samedi	le jour	lundi	vendredi	le week-end	mercredi
le week-end	mercredi	dimanche	le jour	vendredi	samedi	jeudi	mardi	lundi
mardi	jeudi	samedi	le week-end	lundi	dimanche	le jour	mercredi	vendredi
vendredi	lundi	le jour	mercredi	jeudi	mardi	le week-end	dimanche	samedi
jeudi	le jour	mardi	lundi	samedi	le week-end	mercredi	vendredi	dimanche
samedi	vendredi	mercredi	dimanche	mardi	jeudi	lundi	le jour	le week-end
lundi	dimanche	le week-end	vendredi	mercredi	le jour	mardi	samedi	jeudi

97

rouge	noir	violet	gris	blanc	jaune	orange	vert	bleu
gris	vert	blanc	orange	bleu	noir	jaune	rouge	violet
orange	jaune	bleu	vert	rouge	violet	blanc	noir	gris
noir	bleu	jaune	violet	vert	gris	rouge	blanc	orange
violet	blanc	rouge	bleu	jaune	orange	vert	gris	noir
vert	orange	gris	rouge	noir	blanc	bleu	violet	jaune
jaune	violet	orange	blanc	gris	vert	noir	bleu	rouge
blanc	rouge	noir	jaune	violet	bleu	gris	orange	vert
bleu	gris	vert	noir	orange	rouge	violet	jaune	blanc

98

là	souvent	jamais	hier	aujourd’hui	bientôt	demain	déjà	ici
bientôt	aujourd’hui	ici	déjà	jamais	demain	hier	souvent	là
déjà	demain	hier	ici	souvent	là	jamais	bientôt	aujourd’hui
demain	déjà	là	aujourd’hui	bientôt	ici	souvent	hier	jamais
souvent	jamais	aujourd’hui	là	demain	hier	déjà	ici	bientôt
ici	hier	bientôt	souvent	déjà	jamais	là	aujourd’hui	demain
hier	là	demain	bientôt	ici	déjà	aujourd’hui	jamais	souvent
jamais	bientôt	souvent	demain	hier	aujourd’hui	ici	là	déjà
aujourd’hui	ici	déjà	jamais	là	souvent	bientôt	demain	hier

99

depuis	toujours	ensuite	maintenant	avant	tôt	tard	d’abord	autrefois
autrefois	avant	maintenant	d’abord	depuis	tard	toujours	ensuite	tôt
tôt	d’abord	tard	toujours	autrefois	ensuite	avant	depuis	maintenant
d’abord	maintenant	avant	depuis	ensuite	toujours	autrefois	tôt	tard
ensuite	tard	tôt	autrefois	d’abord	maintenant	depuis	toujours	avant
toujours	depuis	autrefois	tôt	tard	avant	ensuite	maintenant	d’abord
tard	tôt	toujours	ensuite	maintenant	autrefois	d’abord	avant	depuis
avant	ensuite	depuis	tard	tôt	d’abord	maintenant	autrefois	toujours
maintenant	autrefois	d’abord	avant	toujours	depuis	tôt	tard	ensuite

100

partir	aller	rentrer	entrer	arriver	monter	sortir	venir	descendre
arriver	entrer	descendre	venir	rentrer	sortir	partir	aller	monter
venir	sortir	monter	partir	descendre	aller	arriver	rentrer	entrer
sortir	monter	aller	descendre	venir	entrer	rentrer	partir	arriver
rentrer	descendre	partir	monter	sortir	arriver	aller	entrer	venir
entrer	arriver	venir	rentrer	aller	partir	descendre	monter	sortir
monter	partir	sortir	aller	entrer	descendre	venir	arriver	rentrer
aller	rentrer	arriver	sortir	monter	venir	entrer	descendre	partir
descendre	venir	entrer	arriver	partir	rentrer	monter	sortir	aller

101

percevoir	voir	goûter	écouter	regarder	sentir	toucher	observer	entendre
regarder	écouter	entendre	observer	goûter	toucher	percevoir	voir	sentir
observer	toucher	sentir	percevoir	entendre	voir	regarder	goûter	écouter
toucher	sentir	voir	entendre	observer	écouter	goûter	percevoir	regarder
goûter	entendre	percevoir	sentir	toucher	regarder	voir	écouter	observer
écouter	regarder	observer	goûter	voir	percevoir	entendre	sentir	toucher
entendre	observer	écouter	regarder	percevoir	goûter	sentir	toucher	voir
sentir	percevoir	toucher	voir	écouter	entendre	observer	regarder	goûter
voir	goûter	regarder	toucher	sentir	observer	écouter	entendre	percevoir

102

téléphoner	commenter	demander	discuter	informer	confirmer	parler	écouter	réclamer
confirmer	informer	réclamer	demander	écouter	parler	téléphoner	discuter	commenter
parler	écouter	discuter	téléphoner	réclamer	commenter	informer	confirmer	demander
informer	réclamer	écouter	confirmer	commenter	demander	discuter	parler	téléphoner
discuter	demander	parler	informer	téléphoner	réclamer	écouter	commenter	confirmer
commenter	téléphoner	confirmer	écouter	parler	discuter	demander	réclamer	informer
réclamer	parler	informer	commenter	demander	écouter	confirmer	téléphoner	discuter
écouter	discuter	téléphoner	réclamer	confirmer	informer	commenter	demander	parler
demander	confirmer	commenter	parler	discuter	téléphoner	réclamer	informer	écouter

103

dix-huit	dix-sept	douze	dix-neuf	treize	seize	quatorze	quinze	onze
quatorze	dix-neuf	seize	quinze	onze	dix-huit	dix-sept	treize	douze
treize	onze	quinze	dix-sept	quatorze	douze	seize	dix-huit	dix-neuf
dix-sept	quinze	onze	quatorze	seize	dix-neuf	dix-huit	douze	treize
seize	douze	dix-huit	treize	dix-sept	quinze	dix-neuf	onze	quatorze
dix-neuf	quatorze	treize	dix-huit	douze	onze	quinze	dix-sept	seize
onze	seize	quatorze	douze	dix-huit	dix-sept	treize	dix-neuf	quinze
quinze	treize	dix-sept	onze	dix-neuf	quatorze	douze	seize	dix-huit
douze	dix-huit	dix-neuf	seize	quinze	treize	onze	quatorze	dix-sept

104

vingt	quatre-vingt-dix	quatre-vingts	soixante	soixante-dix	quarante	trente	cent	cinquante
trente	quarante	soixante	cinquante	cent	quatre-vingts	vingt	soixante-dix	quatre-vingt-dix
cent	cinquante	soixante-dix	quatre-vingt-dix	vingt	trente	quarante	quatre-vingts	soixante
quarante	soixante	trente	vingt	cinquante	soixante-dix	quatre-vingts	quatre-vingt-dix	cent
quatre-vingts	soixante-dix	cent	trente	soixante	quatre-vingt-dix	cinquante	vingt	quarante
quatre-vingt-dix	vingt	cinquante	quarante	quatre-vingts	cent	soixante	trente	soixante-dix
cinquante	quatre-vingts	quarante	cent	quatre-vingt-dix	vingt	soixante-dix	soixante	trente
soixante-dix	trente	quatre-vingt-dix	quatre-vingts	quarante	soixante	cent	cinquante	vingt
soixante	cent	vingt	soixante-dix	trente	cinquante	quatre-vingt-dix	quarante	quatre-vingts

105

trente-deux	quatre-vingt-sept	soixante-cinq	quatre-vingt-dix-huit	soixante-seize	cent neuf	vingt et un	quarante-trois	cinquante-quatre
cinquante-quatre	cent neuf	soixante-seize	vingt et un	quarante-trois	trente-deux	quatre-vingt-sept	soixante-cinq	quatre-vingt-dix-huit
quatre-vingt-dix-huit	quarante-trois	vingt et un	soixante-cinq	quatre-vingt-sept	cinquante-quatre	cent neuf	trente-deux	soixante-seize
quatre-vingt-sept	trente-deux	cinquante-quatre	cent neuf	quatre-vingt-dix-huit	vingt et un	soixante-cinq	soixante-seize	quarante-trois
quarante-trois	soixante-seize	cent neuf	quatre-vingt-sept	trente-deux	soixante-cinq	cinquante-quatre	quatre-vingt-dix-huit	vingt et un
soixante-cinq	vingt et un	quatre-vingt-dix-huit	soixante-seize	cinquante-quatre	quarante-trois	trente-deux	quatre-vingt-sept	cent neuf
vingt et un	quatre-vingt-dix-huit	quatre-vingt-sept	cinquante-quatre	soixante-cinq	soixante-seize	quarante-trois	cent neuf	trente-deux
cent neuf	soixante-cinq	trente-deux	quarante-trois	vingt et un	quatre-vingt-dix-huit	soixante-seize	cinquante-quatre	quatre-vingt-sept
soixante-seize	cinquante-quatre	quarante-trois	trente-deux	cent neuf	quatre-vingt-sept	quatre-vingt-dix-huit	vingt et un	soixante-cinq

106

le sixième	le quatrième	le neuvième	le huitième	le septième	le cinquième	le premier	le troisième	le deuxième
le cinquième	le deuxième	le huitième	le premier	le quatrième	le troisième	le neuvième	le septième	le sixième
le troisième	le septième	le premier	le sixième	le neuvième	le deuxième	le cinquième	le huitième	le quatrième
le neuvième	le huitième	le sixième	le septième	le troisième	le premier	le quatrième	le deuxième	le cinquième
le deuxième	le troisième	le cinquième	le quatrième	le huitième	le sixième	le septième	le premier	le neuvième
le quatrième	le premier	le septième	le deuxième	le cinquième	le neuvième	le troisième	le sixième	le huitième
le septième	le neuvième	le troisième	le cinquième	le deuxième	le huitième	le sixième	le quatrième	le premier
le huitième	le sixième	le quatrième	le neuvième	le premier	le septième	le deuxième	le cinquième	le troisième
le premier	le cinquième	le deuxième	le troisième	le sixième	le quatrième	le huitième	le neuvième	le septième

Glossar

Erklärungen

Sg.	Singular
Pl.	Plural (bei männlichen und weiblichen Substantiven Artikel *les*)
m.	männlich (bei Substantiven im Singular Artikel *le* bzw. vor Vokalen und stummem H *l'*)
f.	weiblich (bei Substantiven im Singular Artikel *la* bzw. vor Vokalen und stummem H *l'*)

A

absence *(f.)* ..... Abwesenheit
absent ..... abwesend
achat *(m.)* ..... (Ein)kauf
acheteur *(m.)* ..... Käufer
admirer ..... bewundern
adorer ..... sehr gernhaben
adresse *(f.)* ..... Adresse
Afrique *(f.)* ..... Afrika
agent *(m.)* de police ..... Polizist
agréable ..... angenehm, sympathisch
aimable ..... nett, freundlich
aimer ..... mögen, lieben
Allemagne *(f.)* ..... Deutschland
allemand ..... Deutsch *(Sprache)*
aller ..... gehen; fahren
Amérique du Nord *(f.)* ..... Nordamerika
Amérique du Sud *(f.)* ..... Südamerika
amuser (s'~) ..... sich amüsieren
an *(m.)* ..... Jahr
ananas *(m.)* ..... Ananas
anglais ..... Englisch *(Sprache)*
Angleterre *(f.)* ..... England
année *(f.)* ..... Jahr *(Verlauf)*
anniversaire *(m.)* ..... Geburtstag
août *(m.)* ..... August
apéritif *(m.)* ..... Aperitif
appeler (s'~) ..... heißen
apprentissage *(m.)* ..... Lehre
après ..... nach
  après la fête ..... nach dem Fest
après-midi *(m.)* ..... Nachmittag
arbre *(m.)* ..... Baum
arbuste *(m.)* ..... Strauch, Busch
arrêt *(m.)* de bus ..... Bushaltestelle
arrivée *(f.)* ..... Ankunft
arriver ..... ankommen
ascenseur *(m.)* ..... Aufzug
Asie *(f.)* ..... Asien
asperge *(f.)* ..... Spargel
aspirateur *(m.)* ..... Staubsauger
assiette *(f.)* ..... Teller
au (= à + le) ..... in
  au Canada ..... in Kanada
  au Portugal ..... in Portugal
aujourd'hui ..... heute
Australie *(f.)* ..... Australien
automne *(m.)* ..... Herbst
autrefois ..... früher
Autriche *(f.)* ..... Österreich
avant ..... vor
  avant le cours ..... vor dem Kurs
avenue *(f.)* ..... Prachtstraße
avion *(m.)* ..... Flugzeug
avoir ..... haben
avril *(m.)* ..... April

B

bagages *(m. Pl.)* ..... Gepäck
baguette *(f.)* ..... Baguette *(Stangenweißbrot)*
baignoire *(f.)* ..... Badewanne
balai *(m.)* ..... Besen
balcon *(m.)* ..... Balkon
banane *(f.)* ..... Banane
banque *(f.)* ..... Bank *(Geldinstitut)*
bas *(m.)* ..... Strumpf
bateau *(m.)* ..... Schiff
beau *(m.)*, belle *(f.)* ..... schön
belge ..... Belgisch *(Sprache)*
Belgique *(f.)* ..... Belgien
beurre *(m.)* ..... Butter
bibliothèque *(f.)* ..... Bücherregal, -schrank
bientôt ..... bald
bière *(f.)* ..... Bier
billet *(m.)* ..... Geldschein; Fahrkarte
billet *(m.)* d'avion ..... Flugticket
biscotte *(f.)* ..... Zwieback
blanc *(m.)*, blanche *(f.)* ..... weiß
bleu ..... blau
blouson *(m.)* ..... Jacke, Blouson
bœuf *(m.)* ..... Ochse, Rind
boire ..... trinken
boisson *(f.)* ..... Getränk
bonnet *(m.)* ..... (Strick)mütze
botte *(f.)* ..... Stiefel
bouche *(f.)* ..... Mund
boucherie *(f.)* ..... Metzgerei
boulanger *(m.)* ..... Bäcker
boulangerie *(f.)* ..... Bäckerei
bras *(m.)* ..... Arm
bricoler ..... basteln
brosse *(f.)* à dents ..... Zahnbürste
bureau *(m.)* ..... Arbeitszimmer
bus *(m.)* ..... Bus

C

cadeau *(m.)* ..... Geschenk
café *(m.)* ..... Café
café *(m.)* au lait ..... Milchkaffee
cafetière *(f.)* ..... Kaffeekanne
cagibi *(m.)* ..... Abstellkammer
cahier *(m.)* ..... Heft
calme ..... ruhig, still

camembert *(m.)*	Camembert *(Weichkäse)*
camion *(m.)*	Lastwagen
Canada *(m.)*	Kanada
au Canada	in Kanada
canapé *(m.)*	Sofa
carotte *(f.)*	Karotte
carrefour *(m.)*	Kreuzung
carte *(f.)* de crédit	Kreditkarte
carte *(f.)* postale	Postkarte
casserole *(f.)*	(Stiel)topf
cathédrale *(f.)*	Kathedrale
cave *(f.)*	Keller
cédérom *(m.)*	CD-ROM
cent	hundert
cent neuf	hundertneun
cerise *(f.)*	Kirsche
chaise *(f.)*	Stuhl
chalet *(m.)*	Landhaus
chaleur *(f.)*	Hitze
chambre *(f.)*	(Schlaf)zimmer
chambre *(f.)* double	Doppelzimmer
chambre *(f.)* simple	Einzelzimmer
champ *(m.)*	Feld
champignon *(m.)*	Pilz
chanter	singen
chapeau *(m.)*	Hut
charmant	reizend
chat *(m.)*	Katze
château *(m.)*	Schloss
chaud	heiß
chaussure *(f.)*	Schuh
chemise *(f.)*	Hemd
chemisier *(m.)*	Bluse
cheval *(m.)*	Pferd
chien *(m.)*	Hund
chocolat *(m.)*	Kakao *(Getränk)*
choisir	(aus)wählen
choix *(m.)*	(Aus)wahl
chômage *(m.)*	Arbeitslosigkeit
chou *(m.)*	Kohl
ciel *(m.)*	Himmel
cinéma *(m.)*	Kino
cinq	fünf
cinquante	fünfzig
cinquante-quatre	vierundfünfzig
cinquième *(m./f.)*	fünfter, -e, -es
clavier *(m.)*	Tastatur
clé *(f.)*	Schlüssel
clé *(f.)* USB	USB-Stick
client *(m.)*	Kunde
coca *(m.)*	Cola®
cochon *(m.)*	Schwein
coiffeur *(m.)*	Friseur
colis *(m.)*	Paket
collège *(m.)*	*frz. Schultyp (Sekundarstufe I)*
collègue (m./f.)	Kollege, Kollegin
combien ?	wie viel?
comète *(f.)*	Komet
comment ?	wie?
commenter	kommentieren
commode *(f.)*	Kommode
compétition *(f.)*	Wettkampf
concert *(m.)*	Konzert
confirmer	bestätigen
confiture *(f.)*	Marmelade
contact *(m.)*	Kontakt
continent *(m.)*	Kontinent
contrôleur *(m.)*	(Fahrkarten)kontrolleur
coquillage *(m.)*	Muschel
corpulent	beleibt, korpulent
correct	richtig
Corse *(f.)*	Korsika
en Corse	auf Korsika
costume *(m.)*	Anzug
cou *(m.)*	Hals
coucher (se ~)	ins Bett gehen
coudre	nähen
cours *(m.)*	Kurs, Unterricht
couteau *(m.)*	Messer
couturier *(m.)*	Modeschöpfer
crayon *(m.)*	(Blei)stift
crime *(m.)*	Verbrechen
croissant *(m.)*	Hörnchen
cuillère *(f.)*	Löffel
cuisine *(f.)*	Küche
cuisinière *(f.)*	Herd
cyclisme *(m.)*	Radsport

D

d'abord	zuerst, zunächst
dans	in
dans la rue	auf der/die Straße
danser	tanzen
date *(f.)* de naissance	Geburtsdatum
décembre *(m.)*	Dezember
déclaration *(f.)*	Anzeige
déjà	schon
demain	morgen
demander	fragen
dentifrice *(m.)*	Zahnpasta
dentiste *(m.)*	Zahnarzt
départ *(m.)*	Abfahrt; Abflug
depuis	seit
depuis hier	seit gestern
derrière	hinter
derrière la porte	hinter der Tür
descendre	aussteigen; hinuntergehen
description *(f.)*	Beschreibung
dessert *(m.)*	Nachtisch
dessiner	zeichnen
destination *(f.)*	(Reise)ziel
détente *(f.)*	Entspannung
détester	verabscheuen, hassen
deux	zwei
deuxième *(m./f.)*	zweiter, -e, -es
devant	vor
devant la télé	vor dem Fernseher

devoirs *(m. Pl.)*	Hausaufgaben
dictée *(f.)*	Diktat
digestif *(m.)*	Verdauungsschnaps
dimanche *(m.)*	Sonntag
directeur *(m.)*	Direktor, Leiter
direction *(f.)*	Firmenleitung
directrice *(f.)*	Direktorin, Leiterin
discothèque *(f.)*	Disco
discuter	diskutieren
dispute *(f.)*	Streit
dix	zehn
dix-huit	achtzehn
dix-neuf	neunzehn
dix-sept	siebzehn
docteur *(m.)*	Doktor
document *(m.)*	Dokument
doigt *(m.)*	Finger
dos *(m.)*	Rücken
douche *(f.)*	Dusche
douze	zwölf

E

eau *(f.)* minérale	Mineralwasser
écouter	(zu)hören
écran *(m.)*	Bildschirm
église *(f.)*	Kirche
élève *(m./f.)*	Schüler(in)
elle	sie *(Sg.)*
elles	sie *(f. Pl.)*
émission *(f.)*	Sendung
employé *(m.)*	Angestellter
en	in
en Corse	auf Korsika
en Espagne	in Spanien
en France	in Frankreich
en Suisse	in der Schweiz
ensuite	danach, anschließend
entendre	hören
entre	zwischen
entre les arbres	zwischen den Bäumen
entrée *(f.)*	Eingang; Vorspeise
entrer	eintreten, hineingehen
enveloppe *(f.)*	Kuvert, Umschlag
envier	beneiden
épaule *(f.)*	Schulter
épicerie *(f.)*	Lebensmittelgeschäft
équipe *(f.)*	Mannschaft, Team
escalier *(m.)*	Treppe
escargot *(m.)*	Schnecke
Espagne *(f.)*	Spanien
en Espagne	in Spanien
espagnol	Spanisch *(Sprache)*
est *(m.)*	Osten
étage *(m.)*	Stock(werk)
étagère *(f.)*	Regal
été *(m.)*	Sommer
étoile *(f.)*	Stern
être	sein
études *(f. Pl.)*	Studium
euro *(m.)*	Euro
Europe *(f.)*	Europa
évier *(m.)*	Spüle

F

facteur *(m.)*	Briefträger
faire	machen
faute *(f.)*	Fehler
fauteuil *(m.)*	Sessel
femme *(f.)*	Frau
ferme *(f.)*	Bauernhof
festival *(m.)*	Festival
fête *(f.)*	Fest, Feier
feuille *(f.)*	Blatt *(Papier)*; Blatt *(Baum)*
février *(m.)*	Februar
fichier *(m.)*	Datei
fièvre *(f.)*	Fieber
fille *(f.)*	Tochter
film *(m.)*	Film
filmer	filmen
fils *(m.)*	Sohn
fin *(f.)*	Ende
finir	beenden
fleur *(f.)*	Blume
fleuve *(m.)*	Fluss, Strom
foot *(m.)*	Fußball
forêt *(f.)*	Wald
fort	kräftig
fou *(m.)*, folle *(f.)*	verrückt
four *(m.)*	Backofen
fourchette *(f.)*	Gabel
frais *(m.)*, fraîche *(f.)*	frisch
fraise *(f.)*	Erdbeere
français	Französisch *(Sprache)*
France *(f.)*	Frankreich
en France	in Frankreich
frère *(m.)*	Bruder
frigo *(m.)*	Kühlschrank
froid	kalt
froid *(m.)*	Kälte
fromage *(m.)*	Käse
front *(m.)*	Stirn
frontière *(f.)*	Grenze
fruit *(m.)*	Frucht

G

garage *(m.)*	Garage
garniture *(f.)*	Beilage
genou *(m.)*	Knie
gentil	freundlich
glace *(f.)*	(Speise)eis
globe *(m.)*	Globus, Erdkugel
golf *(m.)*	Golf
gomme *(f.)*	Radiergummi
goûter	kosten, (ab)schmecken
grammaire *(f.)*	Grammatik

grand .... groß
grand lit *(m.)* .... *französisches Doppelbett*
grand-mère *(f.)* .... Großmutter
grand-père *(m.)* .... Großvater
Grèce *(f.)* .... Griechenland
grippe *(f.)* .... Grippe
gris .... grau
guichet *(m.)* .... Schalter
guide *(m.)* .... Reiseführer

H

hall *(m.)* .... Eingangshalle
haricot *(m.)* .... Bohne
heure *(f.)* .... Stunde
hier .... gestern
hiver *(m.)* .... Winter
honnête .... ehrlich
hôte *(m.)* .... Gastgeber
hôtel *(m.)* .... Hotel
hôtel *(m.)* de ville .... Rathaus
huit .... acht
huitième *(m./f.)* .... achter, -e, -es

I

ici .... hier
il .... er
ils .... sie *(m. Pl.)*
impoli .... unhöflich
imprimante *(f.)* .... Drucker
incorrect .... nicht richtig
information *(f.)* .... Meldung, Information
informer .... informieren
insecte *(m.)* .... Insekt
intéresser .... interessieren
Internet *(m.)* .... Internet
invité *(m.)* .... Gast
irrégulier .... unregelmäßig
Italie *(f.)* .... Italien
italien .... Italienisch *(Sprache)*

J

jamais .... nie(mals)
jambe *(f.)* .... Bein
jambon *(m.)* .... Schinken
janvier *(m.)* .... Januar
jardin *(m.)* public .... Park
jardinage *(m.)* .... Gartenarbeit
jaune .... gelb
je (j') .... ich
jean *(m.)* .... Jeans
jeudi *(m.)* .... Donnerstag
jeune .... jung
joli .... hübsch
joue *(f.)* .... Wange
jouer .... spielen
jour *(m.)* .... Tag
journal *(m.)* .... Zeitung
journaliste *(m./f.)* .... Journalist(in)
juillet *(m.)* .... Juli
juin *(m.)* .... Juni
jupe *(f.)* .... Rock
jus *(m.)* de fruit .... Fruchtsaft
jusqu'à .... bis
  jusqu'à demain .... bis morgen

L

là .... da, dort
lac *(m.)* .... See
laid .... hässlich
lait *(m.)* .... Milch
lavabo *(m.)* .... Waschbecken
lavage *(m.)* .... Waschen, Wäsche
lave-linge *(m.)* .... Waschmaschine
lave-vaisselle *(m.)* .... Spülmaschine
leçon *(f.)* .... Stunde *(im Unterricht)*
légumes *(m. Pl.)* .... Gemüse
lettre *(f.)* .... Brief
lever (se ~) .... aufstehen
liberté *(f.)* .... Freiheit
librairie *(f.)* .... Buchhandlung
libre .... frei
limonade *(f.)* .... Limonade
lion *(m.)* .... Löwe
lire .... lesen
lit *(m.)* .... Bett
livre *(m.)* .... Buch
long *(m.)*, longue *(f.)* .... lang
loup *(m.)* .... Wolf
lundi *(m.)* .... Montag
lune *(f.)* .... Mond
lycée *(m.)* .... Gymnasium *(Sekundarstufe II)*

M

magasin *(m.)* .... Geschäft
mai *(m.)* .... Mai
maigre .... mager, dünn
maillot *(m.)* de bain .... Badehose, Badeanzug
main *(f.)* .... Hand
maintenant .... jetzt
manteau *(m.)* .... Mantel
marché *(m.)* .... Markt
mardi *(m.)* .... Dienstag
mari *(m.)* .... Ehemann
mariage *(m.)* .... Hochzeit
marque *(f.)* .... Marke
mars *(m.)* .... März
match *(m.)* .... Spiel
matin *(m.)* .... Morgen, Vormittag
médecin *(m.)* .... Arzt
médicament *(m.)* .... Medikament
melon *(m.)* .... Melone
mer *(f.)* .... Meer
mercredi *(m.)* .... Mittwoch

mère *(f.)*	Mutter
météo *(f.)*	Wetterbericht
métro *(m.)*	U-Bahn
mettre	stellen; legen
meubles *(m. Pl.)*	Möbel
midi *(m.)*	Mittag
miel *(m.)*	Honig
mince	dünn, schlank
minute *(f.)*	Minute
miroir *(m.)*	Spiegel
mois *(m.)*	Monat
monde *(m.)*	Welt
montagne *(f.)*	Berg, Gebirge
monter	einsteigen; hinaufsteigen
moto *(f.)*	Motorrad
mouton *(m.)*	Schaf
musée *(m.)*	Museum
musicien *(m.)*	Musiker
musique *(f.)*	Musik

N

naissance *(f.)*	Geburt
nappe *(f.)*	Tischdecke
natation *(f.)*	Schwimmen, Schwimmsport
nationalité *(f.)*	Staatsangehörigkeit
nature *(f.)*	Natur
neige *(f.)*	Schnee
nettoyage *(m.)*	Putzen, Reinigung
neuf	neun
neuvième *(m./f.)*	neunter, -e, -es
nez *(m.)*	Nase
Noël *(m.)*	Weihnachten
noir	schwarz
nom *(m.)*	(Nach)name
nord *(m.)*	Norden
nous	wir
novembre *(m.)*	November
nuit *(f.)*	Nacht

O

observer	beobachten
océan *(m.)*	Ozean
octobre *(m.)*	Oktober
œuf *(m.)*	Ei
oignon *(m.)*	Zwiebel
oiseau *(m.)*	Vogel
oncle *(m.)*	Onkel
onze	elf
opéra *(m.)*	Oper
opticien *(m.)*	Optiker
opticienne *(f.)*	Optikerin
orage *(m.)*	Gewitter
orange	orange
orange *(f.)*	Orange
ordonnance *(f.)*	Rezept
oreille *(f.)*	Ohr
où ?	wo?
ouest *(m.)*	Westen
ours *(m.)*	Bär

P

pain *(m.)*	Brot
pantalon *(m.)*	Hose
Pâques *(f. Pl.)*	Ostern
parasol *(m.)*	Sonnenschirm
parc *(m.)*	Park(anlage)
parcours *(m.)*	(beruflicher) Werdegang
parler	sprechen
partir	weggehen; abfahren
passager *(m.)*	Passagier
pâté *(m.)*	Pastete
pâtes *(f. Pl.)*	Nudeln
pâtisserie *(f.)*	Konditorei
pays *(m.)*	Land
paysage *(m.)*	Landschaft
paysan *(m.)*	Bauer
Pays-Bas *(m. Pl.)*	Niederlande
peau *(f.)*	Haut
pêche *(f.)*	Pfirsich
peigne *(m.)*	Kamm
peindre	malen
pelle *(f.)*	Schaufel
pendant	während
pendant le repas	während des Essens
Pentecôte *(f.)*	Pfingsten
percevoir	wahrnehmen
père *(m.)*	Vater
personnel *(m.)*	Personal
petit	klein
petits pois *(m. Pl.)*	Erbsen
pièce *(f.)* de monnaie	Münze
pied *(m.)*	Fuß
pilote *(m./f.)*	Pilot(in)
piscine *(f.)*	Schwimmbad
place *(f.)*	Platz
planète *(f.)*	Planet
plante *(f.)*	Pflanze
plat *(m.)*	Gericht; Gang
pluie *(f.)*	Regen
poêle *(f.)*	Pfanne
pois *(m.)*	Erbse
poisson *(m.)*	Fisch
poissonnerie *(f.)*	Fischgeschäft
poitrine *(f.)*	Brust
poivre *(m.)*	Pfeffer
poli	höflich
police *(f.)*	Polizei
pomme *(f.)*	Apfel
pomme *(f.)* de terre	Kartoffel
pont *(m.)*	Brücke
porte *(f.)*	Tür
porte-monnaie *(m.)*	Geldbeutel
Portugal *(m.)*	Portugal
au Portugal	in Portugal
poste *(f.)*	Post

poste *(m.)*	Stelle, Arbeitsplatz
poubelle *(f.)*	Mülleimer
poule *(f.)*	Huhn
pourquoi ?	warum?
préférer	lieber mögen, vorziehen, bevorzugen
premier *(m.)*	erster
prendre	nehmen
prénom *(m.)*	Vorname
présence *(f.)*	Anwesenheit
présent	anwesend
presse *(f.)*	Presse
printemps *(m.)*	Frühling
prix *(m.)*	Preis
produit *(m.)*	Produkt
professeur *(m.)*	Lehrer
profession *(f.)*	Beruf
prune *(f.)*	Pflaume
pull *(m.)*	Pullover
purée *(f.)*	Püree, Brei
pyjama *(m.)*	Schlafanzug

Q

quai *(m.)*	Bahnsteig
quand ?	wann?
quarante	vierzig
quarante-trois	dreiundvierzig
quartier *(m.)*	(Stadt)viertel
quatorze	vierzehn
quatre	vier
quatre-vingt-dix	neunzig
quatre-vingt-dix-huit	achtundneunzig
quatre-vingts	achtzig
quatre-vingt-sept	siebenundachtzig
quatrième *(m./f.)*	vierter, -e, -es
question *(f.)*	Frage
qui ?	wer?
quiche *(f.)*	Quiche *(herzhafter Kuchen)*
quinze	fünfzehn
quotidien *(f.)*	Tageszeitung

R

radio *(f.)*	Radio
râpe *(f.)*	Reibe
réception *(f.)*	Rezeption, Empfang
réclamer	erbitten, fordern
record *(m.)*	Rekord
regarder	ansehen, betrachten
région *(f.)*	Region, Gegend
régulier	regelmäßig
rencontrer (se ~)	sich treffen
rentrer	zurückgehen; nach Hause kommen/gehen
repas *(m.)*	Essen
réponse *(f.)*	Antwort
reposer (se ~)	sich ausruhen
réservation *(f.)*	Reservierung
réveillon *(m.)*	Silvester(feier); Heiligabend *(Feier)*
rhume *(m.)*	Schnupfen, Erkältung
rideau *(m.)*	Vorhang
rivière *(f.)*	Fluss
riz *(m.)*	Reis
robe *(f.)*	Kleid
rôti *(m.)*	Braten
rouge	rot
rue *(f.)*	Straße
Russie *(f.)*	Russland

S

sable *(m.)*	Sand
Saint-Sylvestre *(f.)*	Silvester
salade *(f.)*	Salat
salle *(f.)* à manger	Esszimmer
salle *(f.)* de bains	Badezimmer
salon *(m.)*	Wohnzimmer
samedi *(m.)*	Samstag
santé *(f.)*	Gesundheit
satellite *(m.)*	Satellit
sauce *(f.)*	Soße
saucisson *(m.)*	Wurst
savon *(m.)*	Seife
scanner *(m.)*	Scanner
seau *(m.)*	Eimer
seconde *(f.)*	Sekunde
secrétaire *(m./f.)*	Sekretär(in)
seize	sechzehn
séjour *(m.)*	Aufenthalt
sel *(m.)*	Salz
semaine *(f.)*	Woche
sensible	empfindsam, sensibel
sentir	fühlen, spüren; riechen; schmecken
sept	sieben
septembre *(m.)*	September
septième *(m./f.)*	siebter, -e, -es
serveur *(m.)*	Kellner
serveuse *(f.)*	Kellnerin
serviette *(f.)*	Handtuch; Serviette
singe *(m.)*	Affe
s'intéresser	sich interessieren
six	sechs
sixième *(m./f.)*	sechster, -e, -es
sœur *(f.)*	Schwester
soir *(m.)*	Abend
soixante	sechzig
soixante-cinq	fünfundsechzig
soixante-dix	siebzig
soixante-seize	sechsundsiebzig
soleil *(m.)*	Sonne
sortie *(f.)*	Ausgang
sortir	hinausgehen
soucoupe *(f.)*	Untertasse
soupe *(f.)*	Suppe

souris *(f.)* ... Maus; Computermaus
sous ... unter
  sous la chaise ... unter dem Stuhl
souvent ... oft
stylo *(m.)* ... Stift
sucre *(m.)* ... Zucker
sud *(m.)* ... Süden
Suisse *(f.)* ... Schweiz
  en Suisse ... in der Schweiz
supporter ... ertragen, erdulden
sur ... auf
  sur la table ... auf dem Tisch
surf *(m.)* ... Surfen
surprise *(f.)* ... Überraschung
sympathique ... nett, freundlich

T

table *(f.)* ... Tisch
tableau *(m.)* ... Tafel
tailleur *(m.)* ... Kostüm
tante *(f.)* ... Tante
tapis *(m.)* ... Teppich
tard ... spät
tarte *(f.)* ... *(flacher)* Kuchen
tasse *(f.)* ... Tasse
télé *(f.)* ... Fernsehen; Fernseher
téléphoner ... telefonieren
télévision *(f.)* ... Fernsehen
témoin *(m.)* ... Zeuge
température *(f.)* ... (Körper)temperatur
tempête *(f.)* ... Sturm
temps *(m.)* ... Zeit; Wetter
tente *(f.)* ... Zelt
terrasse *(f.)* ... Terrasse
terre *(f.)* ... Erde
tête *(f.)* ... Kopf
thé *(m.)* ... Tee
théâtre *(m.)* ... Theater
timbre *(m.)* ... Briefmarke
tisane *(f.)* ... Kräuter-; Früchtetee
toilettes *(f. Pl.)* ... Toilette, WC
tolérer ... tolerieren, ertragen
tomate *(f.)* ... Tomate
tôt ... früh
toucher ... berühren, anfassen
toujours ... immer
tour *(f.)* ... Turm
touriste *(m./f.)* ... Tourist(in)
toux *(f.)* ... Husten
tracteur *(m.)* ... Traktor
traduction *(f.)* ... Übersetzung
train *(m.)* ... Zug
treize ... dreizehn
trente ... dreißig
trente-deux ... zweiunddreißig
triste ... traurig
trois ... drei
troisième *(m./f.)* ... dritter, -e, -es
trottoir *(m.)* ... Bürgersteig
tu ... du

U

un ... eins
université *(f.)* ... Universität

V

vache *(f.)* ... Kuh
vague *(f.)* ... Welle
vaisselle *(f.)* ... Geschirr
valise *(f.)* ... Koffer
vallée *(f.)* ... Tal
vélo *(m.)* ... Fahrrad
vendeur *(m.)* ... Verkäufer
vendredi *(m.)* ... Freitag
venir ... kommen
vent *(m.)* ... Wind
vente *(f.)* ... Verkauf
ventre *(m.)* ... Bauch
verre *(m.)* ... Glas
vers ... gegen
  vers midi ... gegen Mittag
vert ... grün
veste *(f.)* ... Jacke
viande *(f.)* ... Fleisch
victime *(f.)* ... Opfer
vidéo *(f.)* ... Video
vie *(f.)* ... Leben
vieux *(m.)*, vieille *(f.)* ... alt
vin *(m.)* ... Wein
vingt ... zwanzig
vingt et un ... einundzwanzig
violence *(f.)* ... Gewalt
violet ... violett
visite *(f.)* ... Besuch
vivre ... leben
vocabulaire *(m.)* ... Vokabular, Wortschatz
voie *(f.)* ... Gleis
voir ... sehen
voiture *(f.)* ... Auto
vol *(m.)* ... Flug
voleur *(m.)* ... Dieb
vouloir ... wollen
vous ... ihr *(Pl.)*; Sie *(Sg., Pl.)*
voyage *(m.)* ... Reise
voyageur *(m.)* ... Reisender

W

week-end *(m.)* ... Wochenende

Y

yaourt *(m.)* ... Joghurt